Introduction à la lettre aux Hébreux

I0149115

Introduction à la lettre aux Hébreux

sous la supervision de
David Young

Les Essentiels Théologiques

Library of Congress Cataloging-in-Publication Data
Données de catalogage avant publication de la
Bibliothèque du Congrès

David Young (créateur).
[Introduction to the Letter to the Hebrews / David Young]
Introduction à la lettre aux Hébreux / David Young
117 + x pp. cm. 12.7 x 20.32
ISBN 979-8-89731-693-9 (Livre imprimé)
ISBN 979-8-89731-694-6 (Livre électronique)
ISBN 979-8-89731-137-8 (Kindle)

1.   Bible. N.T. Hébreux — Introductions.
2.   2. Bible. N.T. Hébreux — Critique, interprétation, etc.
BS2775.3 .Y68 2025f

*Ce livre est disponible dans d'autres langues à
www.DTLPress.com*

Image de couverture: Feuillet d'un manuscrit enluminé de l'Épître aux
Hébreux, réalisé en 1101 par Joannes Koulix
Crédit photo: MetMuseum.org image 1991.232.15

Table des matières

Préface de la série

L'intelligence artificielle (IA) bouleverse tout, y compris la recherche et l'enseignement théologiques. Cette série, «Les Essentiels théologiques», vise à exploiter le potentiel créatif de l'IA dans le domaine de l'enseignement théologique. Dans le modèle traditionnel, un chercheur maîtrisant à la fois le discours académique et un enseignement réussi passait plusieurs mois, voire plusieurs années, à rédiger, réviser et réécrire un texte d'introduction, qui était ensuite transmis à un éditeur qui investissait également des mois, voire des années, dans la production. Même si le produit final était généralement assez prévisible, ce processus lent et coûteux a fait exploser le prix des manuels. En conséquence, les étudiants des pays développés ont payé ces livres plus cher qu'ils n'auraient dû, tandis que ceux des pays en développement n'y ont généralement pas eu accès (au coût prohibitif) jusqu'à ce qu'ils soient jetés ou donnés des décennies plus tard. Dans les générations précédentes, le besoin d'assurance qualité – sous forme de génération de contenu, de révision par des experts, de révision et de temps d'impression – a peut-être rendu inévitable cette approche lente, coûteuse et exclusive. Cependant, l'IA bouleverse tout.

Cette série est très différente; Il est créé par l'IA. La couverture de chaque volume indique que l'œuvre a été "créée sous la supervision" d'un expert du domaine. Cependant, cette personne n'est pas un auteur au sens traditionnel du terme. Le créateur de chaque volume a été formé par l'équipe de DTL à l'utilisation de l'IA et l'a utilisée pour créer, éditer, réviser et recréer le texte que vous voyez. Ce processus de création étant clairement défini, permettez-moi d'expliquer les objectifs de cette série.

Nos objectifs:

Crédibilité: Bien que l'IA ait fait – et continue de faire – d'énormes progrès ces dernières années, aucune IA non supervisée ne peut créer un texte de niveau universitaire ou de séminaire véritablement fiable ou pleinement crédible. Les limites du contenu généré par l'IA proviennent parfois des limites du contenu lui-même (l'ensemble d'entraînement peut être inadéquat), mais le plus souvent, l'insatisfaction des utilisateurs à l'égard du contenu généré par l'IA provient d'erreurs humaines liées à une mauvaise conception des messages. Les Presses DTL ont cherché à surmonter ces deux problèmes en recrutant des chercheurs reconnus, dotés d'une expertise largement reconnue, pour créer des ouvrages dans leurs domaines d'expertise et en formant ces chercheurs et experts à la conception des messages IA. Pour être clair, le chercheur dont le nom apparaît sur la couverture de cet ouvrage a créé ce volume: il l'a généré, lu, régénéré, relu et révisé. Bien que l'œuvre ait été générée (à des degrés divers) par l'IA, les noms de nos créateurs scientifiques figurent sur la couverture, garantissant ainsi la crédibilité de son contenu, comparable à celle de tout travail d'introduction que ce chercheur/créateur aurait rédigé selon le modèle traditionnel.

Accessibilité financière: Les Presses DTL adhèrent à l'idée que l'accessibilité financière ne devrait pas être un obstacle à la connaissance. Chacun a le même droit de savoir et de comprendre. Par conséquent, les versions numériques de tous les ouvrages des Presses DTL sont disponibles gratuitement dans les bibliothèques DTL, et les versions imprimées sont disponibles moyennant un prix modique. Nous remercions nos chercheurs/ créateurs pour leur volonté de renoncer aux accords traditionnels de redevances. (Nos créateurs sont rémunérés pour leur travail génératif, mais ne perçoivent pas de droits d'auteur au sens traditionnel du terme.)

Accessibilité: Les éditions DTL souhaitent mettre à disposition de tous, partout dans le monde, des manuels d'introduction de haute qualité et à faible coût. Les ouvrages de cette collection sont immédiatement disponibles en plusieurs langues. Les éditions DTL réaliseront des traductions dans d'autres langues sur demande. Les traductions sont, bien entendu, générées par l'IA.

Nos limites reconnues:

Certains lecteurs pourraient objecter: "Mais l'IA ne peut produire que du savoir dérivé ; elle ne peut pas créer de la recherche originale et innovante." Cette critique est, en grande partie, fondée. L'IA excelle dans l'agrégation, l'organisation et la reformulation d'idées préexistantes, bien qu'elle puisse parfois accélérer et affiner la production de nouvelles recherches. Toutefois, tout en reconnaissant cette limite inhérente, DTL Press souligne deux points: (1) Les textes introductifs n'ont généralement pas pour vocation d'être révolutionnaires dans leur contenu. (2) DTL Press dispose d'autres collections dédiées à la publication d'ouvrages de recherche originale, rédigés selon un processus traditionnel.

Notre invitation:

DTL Press aspire à transformer en profondeur l'édition académique en théologie afin de rendre le savoir plus accessible et plus abordable de deux manières:

En générant des manuels introductifs couvrant l'ensemble des disciplines théologiques, afin qu'aucun étudiant ne soit jamais contraint d'acheter un manuel dans une langue donnée. Nous espérons que les enseignants, où qu'ils soient, puissent utiliser un ou plusieurs ouvrages de cette série comme supports pédagogiques dans leurs cours.

En publiant également des monographies académiques, rédigées de manière traditionnelle, et mises à disposition en libre accès pour un lectorat universitaire avancé.

Enfin, DTL Press est non confessionnelle et publiera des ouvrages dans tous les domaines des études religieuses. Les monographies traditionnelles sont évaluées par des pairs, tandis que la création des livres introductifs générés par IA est ouverte à tout expert disposant des compétences requises pour superviser le contenu dans son champ disciplinaire. Si vous partagez notre engagement envers la crédibilité, l'accessibilité financière et l'accessibilité universelle, nous vous invitons à rejoindre notre initiative et à contribuer à cette série ou à une autre collection plus traditionnelle. Ensemble, nous pouvons révolutionner l'édition académique en théologie.

Avec nos plus hautes attentes,
Thomas E. Phillips
Directeur exécutif de DTL Press
www.DTLPress.com
www.thedtl.org

Chapitre 1
Pourquoi l'épître aux Hébreux est importante

L'Épître aux Hébreux occupe une place unique et souvent sous-estimée dans le canon du Nouveau Testament. Ni épître traditionnelle ni récit évangélique, l'épître aux Hébreux échappe à toute catégorisation facile. Elle se lit plutôt comme un long sermon, mêlant une riche réflexion théologique à une exhortation pastorale pressante. Son auteur, dont l'identité demeure inconnue, élabore un message d'une puissance rhétorique et d'une profondeur scripturaire remarquables. L'épître aux Hébreux s'adresse simultanément à l'esprit et au cœur, invitant le lecteur à contempler la majesté du Christ tout en le mettant en garde contre la complaisance spirituelle qui peut mener à l'apostasie.

Au cœur de l'épître se trouve un portrait majestueux de Jésus-Christ, Fils de Dieu, Grand Prêtre et médiateur d'une alliance meilleure. Ce portrait est construit à travers une série d'explications et comparaisons scripturaires. L'auteur s'appuie largement sur l'Ancien Testament, en particulier la Septante, pour montrer comment Jésus accomplit et surpasse les institutions et les personnages de l'histoire d'Israël. Des anges et Moïse au sacerdoce lévitique et au tabernacle, toutes les révélations et tous les médiateurs antérieurs pointent vers le Christ.

Plusieurs thèmes ressortent clairement tout au long de la lettre:

La supériorité du Christ: L'épître aux Hébreux s'ouvre sur une affirmation puissante de l'identité divine et de la mission rédemptrice du Christ (Hébreux 1:1-4). Jésus est présenté comme la révélation finale et définitive de Dieu, supérieure aux anges, aux prophètes et aux messagers précédents.

Le sacerdoce céleste: Au cœur de l'épître se trouve la description de Jésus comme un grand prêtre, non pas à la manière d'Aaron, mais de Melchisédek. Contrairement aux prêtres terrestres, qui offrent des sacrifices répétés, Jésus entre dans le sanctuaire céleste pour s'offrir une fois pour toutes (Hébreux 4.14–5.10; 7.1–28).

L'accomplissement de l'Écriture: L'auteur de l'épître aux Hébreux lit l'Ancien Testament de manière christologique, en utilisant des personnages tels que Melchisédek et des textes tels que le Psaume 110 et Jérémie 31 pour affirmer que Jésus mène à bien les desseins de l'alliance de Dieu.

Persévérance dans la foi: La théologie est entrelacée d'une série d'avertissements pastoraux urgents. Les croyants sont exhortés à persévérer, à tenir bon et à éviter le danger de se détourner. Ces passages d'avertissement (par exemple, Hébreux 2.1-4; 6.4-12; 10.26-31) soulignent la gravité de l'apostasie et la nécessité de la persévérance.

Outre sa richesse thématique, l'épître aux Hébreux se distingue par son art littéraire et sa sophistication rhétorique. L'auteur recourt fréquemment à des procédés rhétoriques tels que l'inclusio, l'analogie et la diatribe. La lettre est structurée de manière à alterner exposition et exhortation, créant un rythme à la fois instructif et persuasif. Loin d'être un traité théologique aride, l'épître aux Hébreux est un appel dynamique qui conduit le lecteur de la compréhension à la réponse.

Pourquoi étudier l'épître aux Hébreux aujourd'hui? Les raisons sont multiples:

Profondeur théologique: L'épître aux Hébreux offre l'une des méditations les plus profondes sur la personne et l'œuvre du Christ dans le Nouveau Testament. Son exploration de l'incarnation, du sacerdoce, de l'expiation et de l'eschatologie invite le lecteur à pénétrer le mystère et la majesté du plan rédempteur de Dieu.

Interprétation des Écritures: Peu de textes du Nouveau Testament témoignent d'un engagement aussi soutenu et créatif envers l'Ancien Testament. L'épître aux Hébreux propose une lecture des Écritures profondément centrée sur le Christ et solide sur le plan théologique.

Urgence pastorale: L'épître s'adressait à des personnes sous pression, tentées d'abandonner ou de faire marche arrière. Ses exhortations à tenir bon et à persévérer sont tout aussi pertinentes aujourd'hui qu'elles l'étaient alors, surtout dans un monde où la foi est souvent mise à mal par la souffrance, le doute ou la marginalisation culturelle.

Pertinence contemporaine: À notre époque pluraliste et souvent laïque, l'épître aux Hébreux rappelle aux croyants le caractère unique du Christ et l'inébranlable du royaume qu'il inaugure. Elle invite les lecteurs à ancrer leur identité, leur espérance et leur persévérance en Jésus, le même hier, aujourd'hui et éternellement (Hébreux 13:8).

Valeur liturgique et dévotionnelle: Des passages comme Hébreux 4,14-16 et 10,19-25 servent depuis longtemps de fondement au culte chrétien et à la confiance spirituelle. L'épître encourage les croyants à s'approcher de Dieu avec audace, confiants dans la suffisance de l'intercession du Christ.

Tout au long de ce manuel, nous aborderons l'épître aux Hébreux de manière critique et pastorale, en prêtant attention à son contexte historique et à sa voix durable pour l'Église d'aujourd'hui. En explorant la structure, la théologie et les stratégies rhétoriques de la lettre, nous espérons entendre à nouveau son appel à "courir avec persévérance la carrière qui nous est proposée" (Hébreux 12:1). L'épître aux Hébreux n'est pas seulement un sermon ancien adressé à une communauté oubliée; c'est une parole vivante qui continue d'interpeller, de réconforter et d'encourager les disciples de Jésus-Christ.

Chapitre 2
Contexte historique et historique

L'Épître aux Hébreux est issue d'un croisement complexe et dynamique de traditions religieuses, d'influences culturelles et de pressions sociopolitiques. Il ne s'agit pas d'un traité théologique abstrait, mais d'un document profondément contextuel, façonné par les réalités vécues de son public – vraisemblablement un groupe de chrétiens juifs ou de non-Juifs craignant Dieu, imprégnés de la tradition juive, mais confrontés aux défis déroutants de la marginalisation et de la transformation religieuse. Pour saisir les arguments théologiques et les exhortations pastorales de l'Épître aux Hébreux, il faut examiner attentivement la matrice multiforme du judaïsme du Second Temple, des courants intellectuels gréco-romains et des luttes identitaires du christianisme primitif.

Au cœur de l'épître aux Hébreux se trouve une confrontation complexe avec la grammaire théologique du judaïsme du Second Temple. Le temple de Jérusalem, avec son sacerdoce lévitique et son système sacrificiel élaboré, fournissait non seulement le cadre rituel du culte, mais aussi une perspective cosmologique et d'alliance à travers laquelle les Juifs de l'Antiquité comprenaient leur relation avec Dieu. Le Jour des Expiations, pièce maîtresse liturgique du calendrier juif, incarnait l'espoir de purification, de réconciliation et d'accès divin. L'épître aux Hébreux s'approprie cette imagerie cultuelle avec une précision théologique, réimaginant Jésus comme le grand prêtre suprême dont l'offrande dépasse les limites de l'ordre lévitique. Ce changement n'est ni allégorique ni dédaigneux; il reflète une profonde reconfiguration théologique où les catégories de sacrifice et de sacerdoce sont accomplies – et non abolies – dans le ministère céleste du Christ (cf. Hébreux 4-10).

L'utilisation des Écritures par l'épître aux Hébreux, et en particulier de la Septante, la traduction grecque de la Bible hébraïque, est cruciale pour cette réinterprétation. Le recours à des textes tels que le Psaume 110, Exode 25-28 et Jérémie 31 ne relève pas de la preuve textuelle, mais d'une stratégie herméneutique visant à inscrire Jésus dans le récit de l'alliance d'Israël. L'épître aux Hébreux lit l'histoire d'Israël non pas comme dépassée, mais comme accomplie eschatologiquement en Christ. La nouvelle alliance ne nie pas l'ancienne, mais réalise ses promesses les plus profondes. Jésus est présenté non seulement comme la continuation de la lignée de l'alliance, mais comme son aboutissement – le Fils médiateur d'une alliance meilleure, fondée sur de meilleures promesses (Hébreux 8:6). Cette approche reflète un modèle chrétien primitif d'interprétation typologique, où les éléments historiques et liturgiques sont perçus comme des ombres anticipatrices de l'œuvre définitive du Christ.

De plus, l'épître est pleinement consciente des espoirs eschatologiques qui imprégnaient le judaïsme du premier siècle. La littérature apocalyptique de l'époque – des manuscrits de la mer Morte à 1 Énoch – témoigne d'un désir généralisé d'intervention divine, de délivrance messianique et de renouveau cosmique. L'épître aux Hébreux s'inscrit dans cette attente en présentant Jésus à la fois comme le roi davidique attendu et comme le grand prêtre eschatologique entré définitivement dans le sanctuaire céleste (Hébreux 9:11-12). Son exaltation à la droite de Dieu n'est pas une simple récompense pour l'obéissance, mais une affirmation théologique de l'eschatologie inaugurée: le futur a fait irruption dans le présent, et la réalité céleste définit désormais le véritable lieu du culte.

Parallèlement, l'épître reflète la sophistication intellectuelle du monde hellénistique. Son élégante prose grecque et sa cohérence rhétorique suggèrent un auteur imprégné de la paideia gréco-romaine. Les spécialistes ont noté des affinités avec la pensée platonicienne moyenne, notamment dans le contraste entre les copies temporelles et terrestres et les réalités éternelles et célestes (cf. Hébreux 8:5; 9:23). Cependant, l'épître aux Hébreux ne capitule pas devant le dualisme; elle adapte plutôt les idiomes philosophiques dominants pour renforcer une vision théologique juive. Le tabernacle céleste n'est pas une échappatoire à la matérialité, mais le véritable lieu de la présence divine, dont le sanctuaire terrestre était un symbole divinement ordonné. Ainsi, l'épître aux Hébreux illustre la capacité des premiers chrétiens à s'engager de manière critique et constructive dans le discours philosophique environnant.

Le contexte sociopolitique de l'épître aux Hébreux met davantage en lumière son urgence. Bien que l'épître ne fasse pas explicitement référence à la persécution impériale, elle témoigne d'une communauté victime d'ostracisme, de perte de biens et de honte publique (Hébreux 10:32-34). Cette pression provenait probablement de multiples facteurs: séparation d'avec la synagogue, suspicion des autorités romaines et éloignement des anciens réseaux de soutien social et économique. La teneur pastorale de l'épître – ses appels répétés à la persévérance, ses mises en garde contre l'apostasie et son appel aux souffrances du Christ lui-même – suggère une congrégation au bord de l'épuisement spirituel. L'épître aux Hébreux n'y répond pas par le triomphalisme, mais par une théologie de l'endurance ancrée dans la fidélité de Jésus, le pionnier et le consommateur de la foi (Hébreux 12:2).

Dans ce contexte, l'épître aux Hébreux révèle également le caractère contesté et transitoire de l'identité chrétienne primitive. Les frontières entre Juifs et disciples du Christ n'étaient pas encore clairement tracées. En effet, de nombreux premiers croyants auraient continué à participer à la vie synagogale, à observer les coutumes juives et à s'identifier au cadre plus large de la piété juive. L'épître aux Hébreux se situe au seuil d'un nouvel horizon théologique. Elle affirme l'histoire sacrée d'Israël tout en insistant sur le fait que cette histoire atteint son but dans le Christ ressuscité. L'affirmation selon laquelle l'Ancienne Alliance est "obsolète" (Hébreux 8:13) doit être comprise comme une déclaration d'accomplissement plutôt que comme une répudiation. Ce qui est dépassé n'est pas la vérité de l'histoire de l'alliance d'Israël, mais ses formes provisoires et anticipées.

Cette transition théologique s'étend à la compréhension ecclésiale et liturgique de soi. Que le temple de Jérusalem fût encore debout ou qu'il fût récemment tombé, l'épître aux Hébreux invite ses lecteurs à se détourner des rituels terrestres pour se concentrer sur la liturgie céleste inaugurée par le Christ. L'accès à Dieu ne se fait plus par l'intermédiaire des prêtres lévitiques, mais par celui du Fils exalté, qui intercède dans le véritable sanctuaire. Cette réorientation représente un changement radical dans la conceptualisation de l'espace sacré, du temps sacré et de l'autorité sacerdotale. Elle marque le passage d'une religion aux formes héritées à une religion de réalité eschatologique – un mouvement qui définira une grande partie de la théologie chrétienne ultérieure.

En conclusion, l'épître aux Hébreux est une synthèse magistrale de tradition théologique, d'engagement culturel et d'exhortation pastorale. Elle puise aux sources profondes de la théologie juive de l'alliance, mobilise les ressources conceptuelles de la philosophie hellénistique et répond aux préoccupations existentielles d'une communauté assiégée. Son appel à la fidélité n'est ni nostalgique ni évasif, mais ancré dans la réalité durable du sacerdoce céleste du Christ. En situant l'événement du Christ dans le grand arc de l'histoire rédemptrice et de la réalité cosmique, l'épître aux Hébreux offre une vision convaincante de l'identité chrétienne, à la fois profondément enracinée et radicalement réorientée dans la personne et l'œuvre de Jésus-Christ.

Chapitre 3
Paternité

L'Épître aux Hébreux est le seul texte chrétien primitif substantiel du Nouveau Testament dont l'auteur est entièrement anonyme. Contrairement aux lettres de Paul, elle ne commence par aucune salutation, aucune signature personnelle et aucune revendication directe d'autorité. Pourtant, malgré ce silence, elle a trouvé une place solide dans le canon chrétien. Du IIe siècle à nos jours, les lecteurs se sont demandés qui avait pu écrire une œuvre aussi raffinée sur le plan rhétorique, aussi profonde sur le plan théologique et aussi riche sur le plan scripturaire. La question de l'auteur, bien qu'historiquement insaisissable, n'est pas accessoire. Elle recoupe des questions plus vastes sur l'autorité, la tradition et la manière dont l'Église primitive discernait les textes témoignant durablement de l'Évangile.

À la fin du IIe siècle, le nom de Paul était étroitement associé à l'épître aux Hébreux, notamment dans les cercles alexandrins. Certains auteurs, comme Clément d'Alexandrie, approuvaient pleinement la paternité de l'ouvrage et suggéraient même que Paul avait omis son nom pour éviter d'offenser les lecteurs juifs. D'autres, comme Origène, exprimaient des doutes; d'autres encore proposaient des figures tout à fait différentes. Dans le cas de l'épître aux Hébreux, son inclusion précoce dans les recueils grecs de lettres pauliniennes a probablement contribué à sa reconnaissance et à son utilisation dans les églises. Bien qu'anonyme, l'épître aux Hébreux a gagné en crédibilité en partie grâce à sa proximité avec la tradition paulinienne, ce qui a contribué à l'ancrer dans l'autorité apostolique et ouvert la voie à sa canonisation.

La recherche moderne rejette massivement la paternité paulinienne pour des raisons linguistiques et théologiques. Le grec de l'épître aux Hébreux est plus élégant et littéraire que la prose souvent rude de Paul. L'argumentation est très structurée, le vocabulaire distinctif et les accents théologiques – notamment l'accent mis sur le sacerdoce céleste de Jésus – sont sans équivalent dans les lettres incontestées de Paul. De plus, l'auteur reconnaît avoir reçu l'Évangile par d'autres (Hébreux 2:3), une affirmation qui semble en contradiction avec l'insistance de Paul à le recevoir par révélation directe (Galates 1:12). Ces facteurs combinés ont conduit les chercheurs à rechercher d'autres auteurs potentiels.

Plusieurs propositions ont été avancées, chacune tentant d'expliquer la sophistication intellectuelle et la profondeur théologique de la lettre. Barnabé, un des premiers chefs chrétiens et compagnon de Paul, a été évoqué. Apollos, un Alexandrin éloquent décrit dans les Actes comme "puissant dans les Écritures", reste un choix populaire, notamment compte tenu du raffinement rhétorique de la lettre et de son riche recours à l'Ancien Testament. D'autres ont proposé Luc, soulignant certaines similitudes stylistiques, ou Priscille, dont l'importance dans l'Église primitive et l'absence dans la tradition de la lettre pourraient s'expliquer par des préjugés sexistes. Pourtant, aucune de ces théories n'a fait l'objet d'un large consensus.

Malgré son anonymat, l'épître aux Hébreux exerça une influence considérable dans l'Église primitive. Sa représentation du Christ comme Grand Prêtre, son interprétation sophistiquée des Écritures et ses exhortations à la persévérance trouvèrent un écho auprès des communautés chrétiennes confrontées à des pressions sociales et théologiques. Si l'identité de l'auteur était incertaine, la puissance de la théologie de la lettre ne l'était pas. Néanmoins, l'association de l'épître aux Hébreux avec Paul, bien que prudente, contribua à la positionner au sein du canon en développement et lui conféra un prestige apostolique qui renforça sa réception.

En fin de compte, l'anonymat de l'épître aux Hébreux souligne le message qu'elle proclame. La lettre, comme Melchisédek, paraît dépourvue de généalogie, son autorité ne reposant pas sur le nom de son auteur humain, mais sur la parole transcendante qu'elle porte. L'épître aux Hébreux invite ses lecteurs à détourner leur attention des questions de provenance pour se concentrer sur celui en qui Dieu a pleinement et définitivement parlé: Jésus-Christ, le Fils.

Chapitre 4
Public et occasion

Si l'identité de l'auteur est l'un des mystères persistants de l'épître aux Hébreux, l'identité de ses destinataires est à peine moins insaisissable. La lettre – ou le sermon, comme certains l'ont appelé – ne propose aucune adresse directe, aucun lieu précis et aucun repère historique évident. Pourtant, l'épître communique avec une urgence pastorale indéniable, s'adressant à une communauté sous pression, menacée de dérive spirituelle et ayant besoin d'être exhortée à persévérer. Qui étaient ces personnes? Et quelles circonstances ont suscité une réponse théologique et rhétorique aussi soutenue?

L'hypothèse la plus répandue est que le public était composé de chrétiens juifs. Le contenu de l'épître aux Hébreux le confirme: l'approfondissement des Écritures hébraïques, la familiarité avec les rituels lévitiques et les catégories de l'alliance, ainsi que l'accent mis sur le sacerdoce, le sacrifice et le tabernacle, tout cela va dans ce sens. Mais "chrétien juif" est une appellation large et controversée. Elle peut désigner des croyants juifs en Jésus, des non-Juifs participant à des communautés judéo-chrétiennes, ou des chrétiens profondément enracinés dans les Écritures et l'imaginaire cultuel d'Israël. L'épître aux Hébreux n'utilise jamais le mot "Juif", et son argumentation est construite non pas en termes ethniques, mais théologiques. Il est donc préférable de considérer le public comme un groupe de disciples du Christ imprégnés de l'univers symbolique et scripturaire du judaïsme du Second Temple, que ce soit par naissance, par association ou par éducation.

La situation sociale des lecteurs peut être déduite de plusieurs indices contenus dans le texte. Hébreux 10:32–34 fait référence à un "temps ancien" où la communauté a subi persécution, humiliation publique et pillage de ses biens. Ces événements semblent appartenir au passé, mais leur souvenir nourrit encore le présent. La lettre met en garde à plusieurs reprises contre l'abandon et exhorte les lecteurs à "tenir ferme" (4:14; 10:23). Cela suggère non seulement une pression extérieure, mais aussi une fatigue intérieure. Le problème n'est peut-être pas un rejet manifeste du Christ, mais une érosion progressive de la foi, peut-être due à la lassitude, à la désillusion ou à l'isolement social.

Certains spécialistes ont émis l'hypothèse que le public était tenté de revenir au judaïsme ou de se réfugier dans des formes religieuses plus socialement acceptables. Cette interprétation, bien que plausible, risque de simplifier à outrance le judaïsme et le christianisme primitif. L'idée de "retour" suppose une ligne de départ claire, alors qu'en réalité, de nombreux premiers croyants se considéraient peut-être comme demeurés dans les limites de la vie d'alliance juive, tout en suivant Jésus comme le Messie. L'auteur de l'épître aux Hébreux n'accuse pas le public d'abandonner le judaïsme, mais l'appelle plutôt à constater que les promesses des Écritures se sont accomplies en Christ. L'enjeu n'est pas l'identité religieuse en soi, mais la fidélité à la parole révélée de Dieu dans le Fils.

Le contexte géographique des destinataires reste incertain. Rome est une hypothèse majeure, notamment en raison de la mention de "ceux d'Italie" dans la salutation finale (13,24). L'Église romaine du Ier siècle comprenait des membres juifs et non juifs, et elle a connu des tensions périodiques ainsi qu'une surveillance impériale, notamment sous Claude et Néron. Un contexte romain pourrait expliquer à la fois les allusions à la persécution et le style rhétorique cultivé de la lettre. D'autres ont proposé Jérusalem, Alexandrie ou une communauté de la diaspora en Asie Mineure, mais aucun lieu ne s'y prête définitivement. En fin de compte, les préoccupations de l'épître ne sont pas liées à une situation locale, mais résonnent avec la situation plus large des premières communautés chrétiennes en quête d'identité, de souffrance et d'espoir.

Quelle était l'origine de cette lettre? La plupart des interprètes s'accordent à dire que la communauté n'était pas en rébellion ouverte, mais menacée d'abandon passif – ce que l'épître aux Hébreux appelle "l'égarement" (2,1) ou le développement de la "paresse" (5,11). Les avertissements récurrents contre l'apostasie sont sévères, mais ils s'inscrivent dans une stratégie pastorale: non pas une condamnation, mais une incitation à la persévérance. Le rythme rhétorique de la lettre alterne entre exposition théologique et exhortation, créant un modèle destiné à éveiller la mémoire, raviver l'espoir et réancrer la foi. L'auteur, quel qu'il soit, écrit non pas en théologien détaché, mais en prédicateur et pasteur profondément investi dans la persévérance spirituelle de ses auditeurs.

L'épître aux Hébreux s'adresse à une communauté à la croisée des chemins, non seulement sur le plan doctrinal, mais aussi existentiel. Persévèreront-ils ou reculeront-ils? Répondront-ils à la parole de Dieu prononcée "en ces derniers jours" par le Fils, ou sombreront-ils dans l'indifférence? L'épître ne se préoccupe pas seulement de la foi juste, mais de la persévérance dans l'espérance et de la constance dans l'obéissance. Sa vision du Christ intronisé, intercédant et revenant devient à la fois l'ancre et la motivation pour persévérer dans la foi.

Bien que leur identité précise puisse rester inconnue, les lecteurs de l'épître aux Hébreux apparaissent comme une communauté très semblable à l'Église en de nombreux lieux et à diverses époques: découragés, tentés, spirituellement épuisés et en quête d'une vision renouvelée de qui est Jésus et de son importance. L'objet de cette lettre n'est donc rien de moins que la lutte humaine persistante pour rester fidèle dans un monde qui pousse au compromis. L'épître aux Hébreux aborde cette lutte non pas en la minimisant, mais en amenant les yeux de ceux qui sont fatigués vers une meilleure promesse, un meilleur prêtre et une meilleure espérance.

Chapitre 5
Structure, genre et rhétorique

Peu d'écrits du Nouveau Testament sont aussi raffinés sur le plan rhétorique et aussi complexes sur le plan structurel que l'épître aux Hébreux. Sa progression méticuleuse de la pensée, son entrelacement d'exposés et d'exhortations scripturaires, et son style littéraire raffiné la distinguent des autres épîtres. Mais ces mêmes caractéristiques rendent sa classification difficile. L'épître aux Hébreux est-elle une lettre? Un traité théologique? Un sermon? La question du genre est plus qu'un exercice académique; elle façonne notre lecture de l'œuvre et notre compréhension de son objectif.

Bien qu'elle se termine par des conventions épistolaires – une référence à Timothée, une salutation finale et une bénédiction –, l'épître aux Hébreux ne présente pas, dans sa majeure partie, la structure d'ouverture d'une lettre gréco-romaine typique. Ni expéditeur ni destinataire ne sont identifiés, ni action de grâces ni prière, ni bénédiction initiale. Ces omissions ont conduit de nombreux spécialistes à affirmer qu'Hébreux n'est pas vraiment une lettre, mais plutôt une homélie ou un sermon. L'auteur la qualifie d''"exhortation" (13:22), expression utilisée ailleurs dans le Nouveau Testament pour décrire la prédication publique (cf. Actes 13:15).

Cela a conduit à l'idée répandue qu'il est préférable de lire l'épître aux Hébreux comme un sermon écrit, un morceau de rhétorique orale transposé ultérieurement en littérature. Sa structure corrobore cette lecture: plutôt qu'une série d' enseignements vaguement liés, l'épître aux Hébreux développe un argument unifié et progressif. L'exposé théologique se construit progressivement – de l'exaltation du Fils au chapitre 1 à l'appel à la persévérance face à la souffrance au chapitre 12 –, entrecoupé de passages d'avertissement stratégiquement placés. Ces glissements rhétoriques de l'exposé à l'exhortation fonctionnent à la manière des virages d'un sermon bien ficelé: la théologie au service de la formation.

L'une des avancées les plus convaincantes des recherches récentes est venue de Gabriella Gelardini, qui a soutenu que l'épître aux Hébreux devait être comprise comme une homélie synagogale, probablement prêchée le 9 Av (*Tisha Be Av*), jour de deuil annuel du calendrier juif commémorant la destruction du Temple. Dans cette lecture, toute la structure et l'accent théologique de l'épître aux Hébreux s'articulent autour des thèmes de la perte du Temple, de la rupture de l'alliance et de l'espoir d'une restauration divine.

L'argumentation de Gelardini s'appuie sur plusieurs observations. Premièrement, le texte s'intéresse profondément au tabernacle, au sacerdoce et au système sacrificiel – non pas de manière abstraite, mais en tant qu'institutions désormais dépassées et accomplies. Deuxièmement, la fonction rhétorique de l'épître aux Hébreux reflète celle des homélies juives postérieures à 1970, qui cherchaient à interpréter la destruction du temple en termes théologiques. Dans cette optique, l'exposé par l'épître aux Hébreux d'un sanctuaire céleste et d'un sacerdoce supérieur en Christ pourrait refléter une tentative de repenser la perte du temple non pas comme une tragédie, mais comme une transition théologique.

Lire l'épître aux Hébreux comme une homélie de Tisha B'Av jette également un nouvel éclairage sur son ton et son urgence. Le texte ne se contente pas d'expliquer le sacerdoce du Christ; il déplore ce qui a été perdu et annonce ce qui est désormais inauguré. Ses avertissements ne sont pas des constructions théologiques abstraites, mais s'inscrivent dans une stratégie liturgique visant à réveiller la mémoire et à appeler à la persévérance. La proposition de Gelardini n'exclut ni l'auteur ni le public chrétien; elle reconnaît plutôt à quel point l'épître aux Hébreux s'inscrit dans un monde rhétorique et homilétique juif, utilisant les structures et les conventions de la prédication synagogale pour proclamer Jésus comme l'aboutissement de l'histoire d'Israël.

Plus largement, l'épître aux Hébreux reflète également l'influence de la rhétorique gréco-romaine, notamment par son recours à la synkrisis (comparaison), à l'enthymème (argument implicite) et à l'amplification. Le contraste entre le terrestre et le céleste, l'ancien et le nouveau, l'ombre et la réalité ne sont pas de simples contrastes théologiques, mais des procédés rhétoriques soigneusement élaborés. L'auteur ne se contente pas d'informer son public, mais le persuade, le poussant émotionnellement et intellectuellement vers une conviction renouvelée.

La structure générale de l'épître aux Hébreux demeure sujette à débat, mais la plupart des interprètes s'accordent à dire que l'argumentation se déroule par couches concentriques, les thèmes théologiques centraux étant introduits, développés et revisités à la lumière de l'exhortation. Plutôt qu'une succession linéaire de sujets, la structure ressemble à une spirale homilétique, chaque tour revenant aux affirmations fondamentales: la supériorité du Christ, l'accomplissement de l'Écriture et la nécessité de la persévérance.

Qualifier l'épître aux Hébreux de sermon ne revient donc pas à en diminuer la profondeur théologique, mais à reconnaître sa fonction liturgique. C'est une théologie délivrée avec une urgence pastorale, des Écritures interprétées pour la persévérance, et une rhétorique conçue pour la transformation de ses auditeurs. Qu'elle soit prêchée dans une synagogue ou écrite pour une église de maison, l'épître aux Hébreux cherche non seulement à informer, mais aussi à réveiller, à exhorter et à soutenir. Son genre est façonné par son objectif: garder les fidèles épuisés en leur montrant la gloire du Christ.

Chapitre 6
Thèmes théologiques
et l'utilisation de l'Ancien Testament

Peu d'écrits du Nouveau Testament rivalisent avec l'Épître aux Hébreux en termes d'ambition théologique. Avec ses prétentions christologiques affirmées, sa vision réinventée de l'alliance et du culte, et son exhortation soutenue à la persévérance, l'Épître aux Hébreux fonctionne à la fois comme un enseignement doctrinal et une exhortation pastorale. Mais sa théologie n'est pas abstraite; elle est forgée par l'Écriture. L'Ancien Testament n'est pas simplement cité dans l'Épître aux Hébreux: il est habité, interprété et accompli. La théologie dans l'Épître aux Hébreux est toujours une théologie scripturaire, façonnée à travers le prisme du Christ.

Au cœur de l'épître aux Hébreux se dresse une majestueuse christologie. Le Fils est "le rayonnement de la gloire de Dieu et l'empreinte parfaite de son être" (1,3), exalté au-dessus des anges, intronisé à la droite de Dieu et déclaré à la fois Roi et Prêtre. Aucun autre texte du Nouveau Testament n'aborde aussi directement et systématiquement les dimensions royale et sacerdotale de l'identité de Jésus. Le Christ est non seulement la parole finale de la révélation divine, mais aussi celui qui sert de médiateur entre Dieu et l'humanité. Il est le grand prêtre fidèle qui a traversé les cieux, le Fils rendu parfait par la souffrance, le garant d'une alliance meilleure. L'argument n'est pas seulement ontologique – qui est Jésus – mais aussi vocationnel – ce que Jésus fait: intercéder, purifier, régner.

Cette christologie est indissociable de la description de l'alliance et du culte dans l'épître aux Hébreux. L'épître oppose l'ancienne et la nouvelle alliance, non pas pour dénigrer la première, mais pour en montrer l'accomplissement. Le tabernacle, le système sacrificiel, le sacerdoce lévitique – tous ces éléments n'étaient que des ombres ou des anticipations des réalités célestes désormais inaugurées par le Christ. L'argument central n'est pas que les institutions d'Israël étaient défectueuses, mais qu'elles étaient préparatoires. La nouvelle alliance, introduite par la citation de Jérémie 31 (Hébreux 8:8-12), apporte une transformation intérieure et un accès direct à Dieu. Le Christ, entré "une fois pour toutes" dans le sanctuaire céleste, a accompli ce que les sacrifices répétitifs de l'ancien ordre n'avaient pas pu accomplir: l'expiation complète et définitive.

La vision du salut et de la persévérance selon Hébreux est étroitement liée à cette théologie de l'alliance. Le salut ne se réduit pas à un événement singulier ou à un moment de foi; c'est un processus dynamique, ancré dans l'œuvre sacerdotale du Christ et se prolongeant par la réponse fidèle du croyant. Hébreux met en garde à plusieurs reprises contre le danger de "l'apostasie" et exhorte ses lecteurs à "tenir ferme" à leur confession. La foi n'est pas un simple assentiment cognitif, mais une confiance persévérante. C'est peut-être ce qu'exprime le mieux Hébreux 11, où l'auteur examine le passé d'Israël comme une galerie d'endurance fidèle: d'Abel à Moïse, de Rahab à des martyrs anonymes, la foi est le fil conducteur de l'histoire du salut.

par Hébreux est omniprésente. Aucun autre texte du Nouveau Testament ne cite les Écritures avec autant de densité ni ne fonde son argumentation sur une interprétation scripturaire plus complète. Le texte s'appuie fortement sur la Septante grecque, citant souvent des passages d'une manière différente de la tradition hébraïque massorétique. Il ne s'agit pas d'un emprunt anodin à des textes de référence, mais d'une stratégie de lecture théologique. Hébreux traite les Psaumes, la Torah et les Prophètes non pas comme des textes statiques, mais comme des oracles vivants – des paroles prononcées non seulement dans le passé, mais aussi dans le présent, et finalement par Dieu lui-même.

Le plus frappant est peut-être la manière dont Hébreux utilise le Psaume 110, qui se trouve au cœur même de l'argumentation théologique de la lettre. Le Psaume 110:1 ("Assieds-toi à ma droite, jusqu'à ce que je fasse de tes ennemis ton marchepied") était largement cité dans les premiers écrits chrétiens pour affirmer l'exaltation du Christ, mais Hébreux est le seul texte du Nouveau Testament à utiliser abondamment le Psaume 110:4: "Tu es prêtre pour toujours, selon l'ordre de Melchisédek." Ces deux versets forment la double colonne vertébrale du portrait du Christ dans Hébreux:

Fils intronisé et Grand Prêtre éternel. Le Psaume 110:1 fonde la session céleste de Jésus – son exaltation et son règne à la droite de Dieu – tandis que le Psaume 110:4 établit le fondement typologique d'un sacerdoce non lévitique, enraciné non dans la généalogie, mais dans une nomination divine. En reliant ces deux versets, l'épître aux Hébreux construit une christologie royale et sacerdotale unique qui façonne toute la lettre. Le Fils n'est pas seulement régnant, il intercède, il est non seulement glorifié, mais il est le médiateur d'une alliance meilleure par son offrande.

Ce qui est peut-être encore plus remarquable, c'est que Dieu est systématiquement présenté comme le porte-parole des Écritures. Que le texte cite David, Moïse ou les prophètes, l'épître aux Hébreux attribue leurs paroles à Dieu ou au Saint-Esprit: "comme le dit le Saint-Esprit…" (3:7). L'Écriture n'est pas traitée comme un artefact historique, mais comme la voix divine vivante. Cela reflète l'affirmation initiale de la lettre: Dieu a parlé "à maintes reprises et de plusieurs manières" par l'intermédiaire des prophètes, mais désormais définitivement "dans le Fils" (1:1-2). La continuité entre l'ancienne et la nouvelle révélation n'est pas rompue, mais accomplie.

Ainsi, l'épître aux Hébreux offre une herméneutique particulière: le Christ est la clé de lecture des Écritures, et les Écritures sont le moyen de comprendre le Christ. La typologie, et notamment le schéma de la promesse et de son accomplissement, gouverne une grande partie de l'interprétation. Le tabernacle est une figure du sanctuaire céleste; le sacerdoce une préfiguration de l'intercession du Christ; la génération du désert un reflet de la situation précaire de la communauté. L'objectif n'est pas d'abandonner les Écritures hébraïques, mais de les considérer sous un angle nouveau, réorienté vers la réalité qu'elles indiquent.

Théologiquement riche et textuellement riche, l'épître aux Hébreux illustre une interprétation biblique à la fois respectueuse et radicale. Elle appelle ses lecteurs à la foi non pas par la nouveauté, mais par l'accomplissement; non par l'innovation, mais par la réalisation. Sa vision est celle d'une continuité transformée: les promesses faites aux ancêtres n'ont pas été révoquées; elles se sont réalisées par un meilleur prêtre, une meilleure alliance et une meilleure espérance.

Chapitre 7
La Parole culminante de Dieu
Le Fils supérieur aux anges
(Hébreux 1:1–2:4)

Le premier mouvement de l'épître aux Hébreux ne commence pas par une argumentation, mais par une proclamation. Il n'y a ni salutation, ni action de grâce, ni mention de l'auteur ni des destinataires. Au contraire, l'épître commence comme un sermon: "Dieu, autrefois, à maintes reprises et de diverses manières, a parlé à nos pères par les prophètes; mais à la fin des temps, il nous a parlé par son Fils" (1:1-2). Le contraste n'est pas entre une fausse et une vraie révélation, mais entre une révélation partielle et une révélation définitive. Le Dieu qui a parlé est le même; ce qui a changé, c'est la clarté, la plénitude et la portée de cette parole.

Cette phrase d'ouverture fixe la trajectoire théologique de toute l'épître. La révélation n'est ni abstraite ni propositionnelle: elle est personnelle. Dieu a parlé "par un Fils", qui est ensuite décrit en sept étapes: héritier de toutes choses, agent de la création, rayonnement de la gloire divine, empreinte exacte de l'être divin, soutien de toutes choses, celui qui a accompli la purification pour les péchés et celui qui siège désormais à la droite de Dieu. Dans ces quelques versets, l'auteur réunit cosmologie, christologie, expiation et intronisation. Le Fils n'est pas un simple prophète; il est le but et l'agent de tout ce que Dieu a accompli.

Ce qui suit, dans les versets 1:5–14, est une série de citations scripturaires soigneusement structurées, toutes tirées de la Septante et agencées de manière à soutenir la supériorité du Fils sur les anges. L'utilisation de catenae – chaînes d'Écritures – était une technique courante dans la prédication juive, et elle remplit ici une fonction à la fois théologique et rhétorique. Le Fils est décrit en contraste avec les anges, non pas parce que l'auditoire était nécessairement tenté de les adorer, mais parce que l'exaltation du Fils doit être fondée sur les Écritures, et les anges offrent un point de contraste approprié. Ils sont des messagers honorés; le Fils est le Roi intronisé.

Plusieurs des textes cités sont des psaumes royaux, réinterprétés à la lumière de l'identité de Jésus. Le Psaume 2:7 ("Tu es mon Fils; aujourd'hui je t'ai engendré") et 2 Samuel 7:14 ("Je serai son père, et il sera mon fils") ancrent le thème de la filiation dans la tradition davidique. Les Psaumes 45:6-7 et 102:25-27 sont appliqués au Fils pour souligner son statut divin, son règne éternel et son rôle dans la création. Ces citations ne sont pas extraites de textes de référence, mais soigneusement agencées pour présenter le Fils comme divin, éternel, souverain et unique, distinct même de l'armée céleste.

Le point culminant se situe dans la citation finale du chapitre, le Psaume 110:1: "Assieds-toi à ma droite, jusqu'à ce que je fasse de tes ennemis ton marchepied."

Ce verset, comme indiqué dans le chapitre précédent, était largement cité au début du christianisme et est fondamental pour l'épître aux Hébreux. Il affirme non seulement l'exaltation du Christ, mais aussi son intronisation, fondant théologiquement l'affirmation selon laquelle Jésus règne désormais avec Dieu, ayant accompli l'œuvre sacerdotale de purification. Bien que l'épître aux Hébreux n'explore la dimension sacerdotale de cette intronisation que dans les chapitres suivants, les graines sont semées ici.

Le chapitre 2 s'ouvre sur un changement de ton. L'exposé christologique élevé cède la place au premier des nombreux avertissements de l'épître aux Hébreux: "C'est pourquoi nous devons être d'autant plus attentifs à ce que nous avons entendu, afin de ne pas nous laisser emporter par la tentation" (2,1). Le danger n'est pas la rébellion active, mais la négligence passive. De même qu'Israël a autrefois négligé la parole prononcée par l'intermédiaire des anges (en référence à la tradition selon laquelle la loi était transmise par les anges), la communauté est aujourd'hui confrontée au danger de ne pas écouter la parole prononcée par le Fils.

Cet avertissement est formulé non seulement par la crainte du jugement, mais aussi par le poids de la validation divine de l'Évangile. Le message a été proclamé par le Seigneur, attesté par des témoins oculaires et confirmé par Dieu par "des signes, des prodiges et divers miracles, et par les dons du Saint-Esprit" (2:3-4). Ainsi, l'expérience charismatique de la communauté primitive devient partie intégrante de l'attrait théologique. Le passé ne doit pas être oublié; il est la preuve que Dieu a parlé avec fermeté, et négliger cette parole, c'est risquer de tout perdre.

Cette première grande section de l'épître aux Hébreux établit ainsi à la fois l'identité du Fils et l'urgence de la foi. Celui qui règne désormais n'est pas un simple enseignant ou messager, mais l'image rayonnante de Dieu et l'héritier de toutes choses. Les Écritures témoignent de son statut élevé, et l'expérience de l'Église confirme ce message. La réponse appropriée n'est pas la spéculation, mais l'attention – ni la distraction, mais la persévérance. La grandeur du Fils n'est pas un ornement théologique; elle est le fondement de la fidélité dans un monde difficile.

Excursus: Psaume 110:1 dans le christianisme primitif

Le Psaume 110:1 – "Le Seigneur a dit à mon Seigneur: Assieds-toi à ma droite, jusqu'à ce que je fasse de tes ennemis ton marchepied" – apparaît comme l'un des textes de l'Ancien Testament les plus fréquemment cités et les plus significatifs théologiquement dans le Nouveau Testament. Son apparition dans Hébreux 1:13, concluant une majestueuse série de citations scripturaires exaltant le Fils au-dessus des anges, reflète un modèle chrétien primitif plus large: le Psaume 110:1 était au cœur de la manière dont l'Église primitive exprimait l'identité et l'exaltation de Jésus.

Dans son contexte original, le Psaume 110 était probablement un psaume royal, probablement composé pour une cérémonie de couronnement ou d'intronisation. Le psalmiste (peut-être David) imagine une parole divine adressée au roi nouvellement installé, avec le titre exalté de "mon Seigneur". L'image de la personne assise à la droite de Dieu évoque une position d'honneur suprême, d'autorité et de souveraineté déléguée. Le verset promet également la victoire divine sur les ennemis du roi, suggérant un espoir tourné vers l'avenir dans la puissance et la sécurité du trône davidique.

Les premiers chrétiens, en particulier ceux qui étaient imprégnés de la Septante (LXX), voyaient dans le Psaume 110:1 une préfiguration prophétique de la résurrection et de l'exaltation de Jésus. L'attrait du texte résidait non seulement dans ses thèmes royaux, mais aussi dans la multiplicité implicite des personnes divines: "Le Seigneur dit à mon Seigneur." Jésus lui-même a fait référence à ce verset lors de ses débats avec les chefs religieux (Marc 12:35-37; cf. Mt 22:41-46; Luc 20:41-44), remettant en question les conceptions conventionnelles du Messie comme étant simplement le fils de David. Pour Jésus et l'Église primitive, le Psaume 110:1 suggérait une figure messianique supérieure à David, partageant l'autorité divine.

Ce verset est devenu fondamental dans la prédication apostolique. Pierre le cite dans son sermon de la Pentecôte (Actes 2:34-35), l'utilisant pour déclarer que Dieu a fait de Jésus "Seigneur et Christ". Paul fait allusion à ses thèmes d'intronisation et de soumission dans 1 Corinthiens 15:25 et Éphésiens 1:20-22. L'image de Jésus assis à la droite de Dieu est devenue une affirmation centrale de la confession de foi et des credo de l'Église primitive, soulignant à la fois le triomphe de la résurrection et la poursuite du règne céleste du Christ.

L'épître aux Hébreux adopte cette tradition, mais l'intensifie. En plaçant le Psaume 110:1 au point culminant d'une série de déclarations exaltées sur le Fils (Hébreux 1:13), l'auteur signale que l'intronisation du Christ n'est pas seulement honorifique, mais ontologique. Jésus n'est pas seulement le roi messianique exalté, mais le Fils divin qui partage la nature même de Dieu (Hébreux 1:3). Cette citation ouvre la voie à l'utilisation ultérieure du Psaume 110:4, qui introduit le sacerdoce unique du Christ "selon l'ordre de Melchisédek". Ensemble, les Psaumes 110:1 et 110:4 constituent l'épine dorsale de la christologie royale et sacerdotale de l'épître aux Hébreux.

L'usage répandu et durable du Psaume 110:1 dans le christianisme primitif souligne sa puissance théologique. Il a permis à l'Église d'articuler l'exaltation de Jésus en continuité avec les Écritures d'Israël, de parler de sa souveraineté actuelle et de sa présence céleste, et d'anticiper sa victoire finale sur toutes les puissances. Dans l'épître aux Hébreux, comme dans le Nouveau Testament en général, le Psaume 110:1 n'est pas seulement un texte de preuve, mais une pierre angulaire pour comprendre qui est Jésus et où il règne désormais.

Chapitre 8
Un souverain sacrificateur fidèle et miséricordieux
(Hébreux 2:5–4:13)

Après avoir exalté le Fils au-dessus des anges, l'auteur de l'épître aux Hébreux aborde maintenant ce qui semble à première vue un renversement: l'identification du Fils à l'humanité dans la souffrance et la mort. Mais il n'y a pas de contradiction. L'exaltation même du Fils dépend de sa solidarité avec ceux qu'il est venu sauver. Ce n'est pas malgré son humanité, mais par elle, qu'il devient "un grand prêtre miséricordieux et fidèle" (2,17). Hébreux 2,5–4,13 commence à poser les bases théologiques de ce sacerdoce, un thème qui dominera les chapitres suivants.

La section s'ouvre par une citation du Psaume 8, un hymne célébrant l'honneur accordé à l'humanité au sein de la création. "Qu'est-ce que l'homme pour que tu te souviennes d'eux…?" (2,6). Dans son contexte originel, le Psaume 8 réfléchit à la fragilité humaine et à la générosité divine. Hébreux, cependant, lit le psaume de manière christologique. Le sujet n'est pas l'humanité en général, mais le Fils, qui fut un temps "inférieur aux anges" et qui est maintenant "couronné de gloire et d'honneur à cause de la souffrance de la mort" (2,9).

Cette relecture est typologique: Jésus, en tant qu'humain représentatif, accomplit la vocation décrite dans le psaume: régner sur le monde, non pas en évitant la souffrance, mais en y entrant pleinement.

Ce thème de la solidarité à travers la souffrance se poursuit tout au long du chapitre 2. L'incarnation est décrite non pas comme un simple événement métaphysique, mais comme un acte d'identification rédemptrice. "Puisque les enfants participent au sang et à la chair, lui aussi y a participé" (2,14). Le Fils est devenu semblable à ses frères et sœurs "en toutes choses" afin de détruire le pouvoir de la mort et de libérer ceux qui étaient asservis par la peur. Ce n'est pas accessoire à sa mission, mais essentiel: il devait devenir semblable à eux pour les représenter devant Dieu. Le sacerdoce n'est pas ici défini institutionnellement, mais relationnellement. Il naît d'une expérience partagée, et non d'un lignage tribal.

Le passage au chapitre 3 marque une nouvelle étape dans l'argumentation, mais la logique se poursuit. L'auditoire est désormais directement interpellé en tant que "saints partenaires dans une vocation céleste" (3:1), invité à "considérer Jésus, l'apôtre et le grand prêtre de notre confession". Le mot *"apôtre"*, utilisé ici de manière unique dans le Nouveau Testament, souligne le rôle de Jésus en tant qu'envoyé de Dieu, tandis que *"grand prêtre"* ancrera les prochaines sections majeures de l'épître. La comparaison qui suit, entre Jésus et Moïse, souligne à la fois la continuité et le contraste. Moïse était fidèle "dans toute sa maison" en tant que serviteur; Jésus est fidèle en tant que Fils sur la maison. L'image évoque non pas la compétition, mais la succession: Jésus accomplit ce que Moïse avait anticipé.

À ce stade, la lettre prend une tournure résolument exhortative. S'appuyant sur le Psaume 95, l'auteur met en garde ses lecteurs contre l'endurcissement de leur cœur, comme l'a fait la génération du désert. L'accent théologique n'a pas changé; il s'est intensifié. Le contraste ne se limite plus à Jésus et aux anges ou à Moïse, mais à la réponse fidèle et à la réponse infidèle. La génération qui a péri dans le désert avait reçu les promesses et vu les œuvres de Dieu, mais elle n'a pas pu entrer dans le "repos" de Dieu à cause de son incrédulité.

Ce thème du "repos" devient un thème central du chapitre 4. La promesse tient toujours, insiste l'auteur, et le peuple de Dieu est toujours invité à y entrer. Mais l'entrée n'est pas automatique. Elle exige attention, persévérance et foi. Tout comme la Parole est parvenue à Israël autrefois, elle parvient aujourd'hui aux lecteurs de l'épître aux Hébreux, et elle exige une réponse. Hébreux 4:12-13 offre une conclusion qui donne à réfléchir: "Car la parole de Dieu est vivante et efficace… elle juge les pensées et les intentions du cœur." La parole de Dieu n'est pas extérieure à la personne humaine; elle pénètre au cœur même de celle-ci et révèle ce qu'elle y trouve véritablement.

Dans cette section, nous commençons à comprendre comment le sacerdoce du Christ naît non de la distance, mais de la proximité. Il n'est pas indifférent à la faiblesse humaine, mais l'a éprouvée – souffrance, tentation, mortalité. Cette expérience partagée donne de la profondeur à son intercession et de l'authenticité à son plaidoyer. Le grand prêtre de l'épître aux Hébreux n'est pas la figure idéalisée d'un rituel cultuel lointain, mais le Fils incarné, souffrant et exalté, qui sait ce que signifie être humain. La logique pastorale est claire: si c'est lui qui nous représente devant Dieu, alors nous pouvons nous approcher avec confiance.

Excursus: La "Parole de Dieu" dans Hébreux

Parmi les nombreux thèmes théologiques abordés dans l'Épître aux Hébreux, rares sont ceux qui sont aussi riches et complexes que sa description de la "parole de Dieu". Contrairement à certains textes du Nouveau Testament où l'expression peut se référer étroitement aux Écritures ou à la prédication apostolique, l'épître aux Hébreux emploie ce concept de manière plus dynamique et plus large. Dans l'épître aux Hébreux, la parole de Dieu est vivante, active, divine et personnelle; c'est la communication de Dieu qui révèle et accomplit ses desseins.

L'épître s'ouvre sur une affirmation christologique de haut niveau, qui est aussi une déclaration sur la parole divine: "À maintes reprises et de plusieurs manières, Dieu a parlé à nos pères par les prophètes; mais à la fin des temps, il nous a parlé par le Fils…" (Hébreux 1:1-2). Ici, la "parole" n'est pas simplement propositionnelle ou textuelle, mais incarnée. Jésus lui-même est la parole ultime de Dieu, l'acte culminant de la révélation. Cela donne le ton à la compréhension qu'ont les Hébreux de la communication divine: la parole de Dieu n'est pas statique; elle culmine en une personne qui incarne et accomplit tout ce qui a été dit précédemment.

Pourtant, l'épître aux Hébreux continue de parler de la "parole de Dieu" par le biais des Écritures, de l'exhortation et de l'intervention divine. Hébreux 3:7 introduit une citation du Psaume 95 avec la formule: "Comme le dit le Saint-Esprit", signalant que l'Écriture demeure une voix divine active. Il ne s'agit pas simplement d'un récit de ce que Dieu a dit autrefois, mais d'une expression de ce que Dieu continue de dire par l'Esprit. Pour l'épître aux Hébreux, les Écritures ne sont pas des vestiges historiques; elles sont un moyen vivant de parole divine qui s'adresse à la communauté actuelle.

Ce même dynamisme apparaît dans l'un des versets les plus cités de l'épître aux Hébreux: "La parole de Dieu est vivante et efficace, plus acérée qu'une épée quelconque à deux tranchants, pénétrante jusqu'à partager âme et esprit… et elle juge les sentiments et les pensées du cœur." (Hébreux 4:12). Ici, la parole de Dieu fonctionne presque comme un instrument de jugement, pénétrant la conscience humaine et révélant ce qui est caché. Cette description suggère non seulement le pouvoir de conviction de l'Écriture, mais aussi la parole divine plus vaste qui confronte la communauté à la vérité et exige une réponse. Elle renforce également l'idée que la parole de Dieu est indissociable de sa présence: puissante, pénétrante et incontournable.

Le lien entre la Parole et l'alliance apparaît également clairement dans Hébreux 8. En citant longuement Jérémie 31:31-34, l'auteur souligne une nouvelle alliance définie par une instruction divine intériorisée: "Je mettrai mes lois dans leur esprit, je les écrirai dans leur cœur" (Hébreux 8:10). Contrairement aux lois écrites transmises extérieurement par Moïse, la nouvelle alliance implique l'inscription de la Parole de Dieu directement dans le cœur. Cette intériorisation représente un passage du commandement à la transformation, de l'obligation à la relation. La Parole de Dieu, dans ce cadre de nouvelle alliance, n'est pas seulement une norme, mais une puissance implantée qui permet l'obéissance et l'intimité avec Dieu.

Ainsi, dans toute l'épître aux Hébreux, la parole de Dieu fonctionne de plusieurs manières interdépendantes:

En tant que révélation: Dieu a parlé pleinement et définitivement dans le Fils, Jésus-Christ (1:1–2).

Comme l'Écriture: L'Esprit continue de parler à travers les Écritures d'Israël, désormais interprétées à la lumière du Christ (3:7; 4:7; 10:15).

En tant que puissance: la parole est active, perspicace et capable de toucher le cœur (4:12).

En tant qu'Alliance: les lois de Dieu sont écrites dans le cœur des croyants dans le cadre de la nouvelle alliance, signifiant une transformation intérieure (8:10).

Ces usages résistent au cloisonnement. Au contraire, l'épître aux Hébreux présente une vision unifiée où la parole de Dieu est cohérente avec la personne du Christ, le témoignage de l'Écriture et l'œuvre intérieure de l'Esprit. Il n'est donc pas surprenant que l'épître elle-même – parfois qualifiée de "parole d'exhortation" (13,22) – participe à cette parole divine. En tant que sermon ou homélie, l'épître aux Hébreux parle non seulement de la parole de Dieu, mais aussi d'un moyen par lequel elle continue d'être entendue.

Dans cette optique, rencontrer la parole de Dieu dans l'épître aux Hébreux ne signifie pas simplement recevoir des informations ou des instructions, mais se tenir devant un Dieu qui parle, discerne et transforme. La communauté est appelée non pas à écouter passivement, mais à répondre avec obéissance, persévérance et respect.

Chapitre 9
Un prêtre pour toujours
(Hébreux 4:14–7:28)

La brève référence à Jésus comme grand prêtre dans les chapitres précédents s'étend maintenant au thème théologique central de l'épître aux Hébreux: le sacerdoce éternel du Christ. Dès le chapitre 4, verset 14, l'auteur invite le lecteur à s'approcher de Dieu, non par la crainte ou la médiation rituelle, mais par l'intercession bienveillante d'un grand prêtre à la fois élevé et empathique. Ce sacerdoce n'est pas hérité par la descendance lévitique, mais établi par un serment divin – "selon l'ordre de Melchisédek". Hébreux 4, verset 14-7, verset 28 constitue la méditation théologique approfondie qui en explique le sens.

La section s'ouvre par une exhortation: "Demeurons fermes dans la foi que nous professons" (4,14). Cet appel est fondé sur l'identité de Jésus, "grand prêtre qui a traversé les cieux". Contrairement aux prêtres lévitiques qui officiaient dans un sanctuaire terrestre, Jésus est entré dans le sanctuaire céleste. Pourtant, son exaltation ne l'éloigne pas de l'expérience humaine. Au contraire, "nous n'avons pas un grand prêtre incapable de compatir à nos faiblesses", car il a été éprouvé en toutes choses, "sans commettre de péché" (4,15). Le sacerdoce du Christ allie transcendance et compassion, exaltation et solidarité. Par conséquent, les croyants sont invités à s'approcher du trône de la grâce avec assurance.

Le chapitre 5 développe davantage le concept de sacerdoce, d'abord en énonçant les qualifications requises pour un grand prêtre: choisi parmi le peuple, désigné pour le représenter devant Dieu et capable de traiter avec douceur les ignorants et les rebelles. L'auteur applique ensuite ces critères au Christ, soulignant qu'il "ne s'est pas glorifié" en devenant prêtre, mais qu'il a été désigné par Dieu. Deux citations bibliques le confirment: Psaume 2.7 ("Tu es mon Fils…") et Psaume 110.4 ("Tu es prêtre pour toujours, selon l'ordre de Melchisédek"). Ces versets établissent à la fois la filiation divine et la désignation divine, piliers fondamentaux de la christologie hébraïque.

Mais comment Melchisédek intervient-il dans cet argument? Mentionné brièvement dans Genèse 14 comme roi de Salem et prêtre du Dieu Très-Haut, Melchisédek bénit Abram et reçoit de lui la dîme. Le Psaume 110 le cite plus loin comme modèle d'un sacerdoce éternel. L'épître aux Hébreux met en lumière les implications théologiques de cette figure obscure: Melchisédek apparaît sans généalogie, sans commencement ni fin enregistrés, ce qui en fait un type approprié du Christ éternel. Il est à la fois roi et prêtre, combinant deux rôles normalement distincts dans la tradition israélite. En liant Jésus à Melchisédek plutôt qu'à Lévi ou Aaron, l'épître aux Hébreux ouvre la voie à un sacerdoce non lévitique, non héréditaire et supérieur.

Le chapitre 7 est presque entièrement consacré à Melchisédek et aux implications de son sacerdoce. L'argumentation repose sur la typologie: Melchisédek est "fait semblable au Fils de Dieu", et non l'inverse. Son sacerdoce est antérieur et supérieur à celui du Lévitique, car même Abraham, l'ancêtre de Lévi, lui a offert la dîme et a reçu de lui une bénédiction. Dans la logique de l'épître aux Hébreux, le plus grand bénit le plus petit. Par conséquent, si la perfection était venue du sacerdoce lévitique, "à quoi bon encore parler d'un autre prêtre… selon l'ordre de Melchisédek?" (7:11).

Le contraste s'accentue à mesure que le chapitre progresse. Le sacerdoce lévitique reposait sur une exigence légale et une filiation physique; celui du Christ repose sur la puissance d'une vie indestructible. Le premier impliquait de nombreux prêtres, sujets à la mort et à la succession; le second est détenu en permanence par celui qui "vit toujours pour intercéder" (7:25). Les prêtres lévitiques offraient des sacrifices à plusieurs reprises; le Christ s'offre lui-même une fois pour toutes. L'effet cumulatif est de présenter Jésus comme le souverain sacrificateur ultime et parfait, dont le sacerdoce ne dépend pas de l'ascendance, mais de la nomination divine et de l'efficacité éternelle.

Hébreux 7:26-28 résume l'argument avec un langage noble: "saint, irréprochable, sans tache, séparé des pécheurs, et élevé au-dessus des cieux." Ce grand prêtre n'a pas besoin d'offrir des sacrifices jour après jour. Il s'est offert une fois, et cette fois suffit. Son sacerdoce est non seulement éternel, mais suffisant. Contrairement à la faiblesse de la loi, "la parole du serment" – citant à nouveau le Psaume 110 – a établi le Fils, "qui a été rendu parfait pour toujours".

Au cœur de cette section se trouve une redéfinition du sacerdoce lui-même. Il n'est plus lié à la lignée cultuelle ou au rituel du temple, mais à l'élection divine, à la perfection morale et à l'intercession éternelle. Le sacerdoce de Jésus n'est pas un arrangement temporaire ni un rôle symbolique. Il est la pièce maîtresse théologique de la compréhension qu'ont les Hébreux du salut, de l'accès à Dieu et du déroulement de l'histoire rédemptrice.

Pour les lecteurs de l'épître aux Hébreux, ce portrait du Christ prêtre éternel est à la fois un ancrage doctrinal et un réconfort pastoral. Leur espérance ne repose pas sur une religion institutionnelle ou une médiation terrestre, mais sur un grand prêtre qui vit éternellement et ne cesse d'intercéder pour eux. En Christ, la distance entre le ciel et la terre a été comblée – non pas rituellement, mais définitivement, non pas symboliquement, mais concrètement. Et fort de cette assurance, ils sont exhortés à persévérer.

Excursus: Melchisédek dans la littérature juive antique

La figure de Melchisédek joue un rôle central dans l'argumentation théologique de l'épître aux Hébreux, notamment au chapitre 7, où il est présenté comme un type du Christ – éternel, supérieur au sacerdoce lévitique et divinement désigné. Cependant, le rôle de Melchisédek dans l'épître aux Hébreux n'est pas une innovation isolée. L'auteur s'appuie sur des traditions plus larges entourant Melchisédek dans l'interprétation et la littérature juives, et s'attend probablement à les connaître, où cet énigmatique roi-prêtre de Genèse 14 a acquis une riche signification symbolique.

Dans le texte biblique de Genèse 14:18-20, Melchisédek apparaît brusquement dans le récit de la victoire militaire d'Abram. Il est présenté comme "roi de Salem" et "prêtre du Dieu Très-Haut", qui bénit Abram et reçoit de lui la dîme. La brièveté du récit et l'absence de contexte généalogique ou narratif ont suscité des spéculations théologiques dans l'interprétation juive ultérieure. Le Psaume 110:4 élèvera plus loin Melchisédek: "Tu es prêtre pour toujours, selon l'ordre de Melchisédek." L'épître aux Hébreux exploite cette combinaison d'obscurité narrative et de statut sacerdotal pour construire un type christologique, mais elle n'est pas la première à le faire.

Dans le judaïsme du Second Temple, Melchisédek apparaît dans divers textes, certains spéculatifs, d'autres hautement exaltés. Parmi ceux-ci, les plus remarquables sont les textes trouvés à Qumrân et les interprétations rabbiniques ultérieures.

1. Melchisédek dans les textes de Qumrân

La réinterprétation la plus significative de Melchisédek par le Second Temple provient de 11QMelchisédek (11Q13), un fragment des Manuscrits de la mer Morte daté du Ier siècle avant J.-C. Dans ce midrash eschatologique, Melchisédek est dépeint non seulement comme un prêtre humain, mais aussi comme une figure divine ou semi-divine agissant comme un libérateur céleste. Il est décrit par des titres tels que "élohim" (Dieu) et "juge", et il est appelé à jouer un rôle décisif lors du Jour des Expiations à la fin des temps.

Dans ce texte, Melchisédek apparaît comme une figure sacerdotale céleste qui proclame la liberté aux captifs, s'inspirant de Lévitique 25 et d'Isaïe 52. Il agit comme un agent messianique d'expiation et de jugement, s'opposant aux forces de Bélial (le mal) et présidant au jubilé final de Dieu. Cette représentation révèle qu'à l'époque de la rédaction de l'épître aux Hébreux, Melchisédek était déjà associé à l'espérance eschatologique et à l'autorité divine dans certains cercles juifs.

L'auteur de l'épître aux Hébreux ne cite pas directement Melchisédek, mais semble conscient de cette tradition. Il reprend l'idée de l'origine céleste, du statut sacerdotal et de la fonction eschatologique de Melchisédek, tout en canalisant ces attributs de manière christologique. Dans l'épître aux Hébreux, c'est le Christ, et non Melchisédek, qui est le véritable prêtre éternel, mais Melchisédek fournit un modèle ou un archétype permettant de comprendre le sacerdoce unique de Jésus.

2. Melchisédek dans Philon

Le philosophe juif hellénistique Philon d'Alexandrie commente également Melchisédek, quoique de manière plus allégorique. Dans *Legum Allegoriae* et *De Congressu Quaerendae Eruditionis Gratia*, Philon interprète Melchisédek comme un symbole de la raison ou de la vertu, s'inscrivant dans son approche allégorique plus large des Écritures. Philon identifie Melchisédek au "logos" – la raison divine – et souligne sa fonction éthique et philosophique.

Bien que l'allégorie de Philon diffère de la typologie de l'épître aux Hébreux, les deux approches considèrent Melchisédek comme plus qu'un personnage historique. Il est une clé d'interprétation vers quelque chose de plus grand: pour Philon, la sagesse abstraite; pour Hébreux, le sacerdoce éternel du Christ exalté.

3. Melchisédek dans les sources rabbiniques et juives ultérieures

Dans la littérature rabbinique ultérieure, Melchisédek est généralement démystifié. Certains textes rabbiniques l'associent à Sem, le fils de Noé, l'ancrant ainsi dans la tradition généalogique biblique et ôtant l'aura de mystère mise en avant dans les lectures juives et chrétiennes antérieures. Cette démarche pourrait refléter une réaction aux affirmations chrétiennes, notamment celles de l'épître aux Hébreux, qui attribuaient à Melchisédek une signification messianique et théologique.

Bien que les textes rabbiniques conservent un certain respect pour le rôle sacerdotal de Melchisédek, ils recentrent souvent leur attention sur Abraham en tant que figure patriarcale centrale, affirmant ainsi la continuité abrahamique et lévitique par rapport à l'innovation melchisédekienne.

L'Épître aux Hébreux s'inscrit dans une tradition interprétative plus large qui considérait Melchisédek comme plus qu'un personnage biblique mineur. Les textes juifs du Second Temple, notamment 11QMelchisédek, montrent que Melchisédek était devenu un symbole flexible: un prêtre céleste, une figure de justice et un porteur d'espérance eschatologique.

L'épître aux Hébreux adopte et transforme cette tradition en situant son accomplissement en Christ. Plutôt que de présenter Jésus comme Melchisédek, elle présente Melchisédek comme un type – une ombre – du véritable grand prêtre, éternel non seulement en raison de ses origines mystérieuses, mais aussi grâce à sa nomination divine et à son pouvoir de résurrection. Ainsi, l'épître aux Hébreux utilise Melchisédek non pas comme une fin en soi, mais comme un moyen d'éclairer l'incomparable sacerdoce du Christ.

Chapitre 10
Le médiateur d'une meilleure alliance
(Hébreux 8:1–13)

Après avoir fermement établi la supériorité du sacerdoce du Christ sur l'ordre lévitique, l'épître aux Hébreux aborde maintenant explicitement la nature et les implications de la "meilleure alliance" inaugurée par le Christ (Hébreux 8:6). Le huitième chapitre de l'épître aux Hébreux est concis mais essentiel, établissant un lien entre l'exposé théologique du sacerdoce du Christ et l'imagerie sacrificielle détaillée dans les chapitres suivants. Il repose sur une profonde réinterprétation des promesses de l'ancienne alliance à la lumière du ministère céleste de Jésus.

L'auteur de l'épître aux Hébreux résume clairement l'argument précédent: "Le point essentiel de ce que nous disons, c'est que nous avons un tel souverain sacrificateur, qui s'est assis à la droite du trône de la majesté divine dans les cieux" (Hébreux 8:1). Cette déclaration résume succinctement l'intégralité de la vision christologique de l'épître aux Hébreux. La posture assise du Christ symbolise l'achèvement et la suffisance de son œuvre sacerdotale, contrastant fortement avec la station debout perpétuelle et les sacrifices continuels des prêtres lévitiques. Son intronisation céleste indique qu'il exerce son ministère dans "le véritable tabernacle dressé par le Seigneur, et non par un simple homme" (Hébreux 8:2).

L'épître aux Hébreux s'appuie sur des images rappelant la philosophie platonicienne pour distinguer nettement les réalités terrestres et célestes. Le tabernacle terrestre, bien que divinement instruit et vénéré, est explicitement décrit comme "une copie et une ombre de ce qui est dans le ciel" (Hébreux 8:5). Cette notion reflète une vision du monde répandue chez les Juifs hellénistiques, notamment influencée par le moyen-platonisme. Pourtant, l'épître aux Hébreux l'utilise non pas pour dévaloriser le sanctuaire terrestre, mais pour exalter le sacerdoce céleste du Christ. Dans cette perspective, les rituels terrestres pointent vers une réalité transcendante et ultime, accomplie uniquement par la médiation sacerdotale du Christ.

La contribution distinctive du chapitre huit réside dans sa longue citation de Jérémie 31:31-34, ce qui en fait la plus longue citation de l'Ancien Testament dans le Nouveau Testament. Ce passage prophétique, initialement prononcé dans le contexte de l'exil d'Israël et de son espoir de renouveau, devient fondamental dans l'épître aux Hébreux pour comprendre la "meilleure alliance" transmise par le Christ. Jérémie avait imaginé une alliance inscrite non pas sur des tablettes de pierre, mais directement dans le cœur des hommes – une transformation profonde de la relation de l'humanité avec Dieu.

L'épître aux Hébreux interprète cette promesse de manière christologique: la nouvelle alliance annoncée par Jérémie trouve sa réalisation définitive en

Jésus. Contrairement à l'alliance transmise par Moïse, orientée vers l'extérieur et s'appuyant sur des rituels sacrificiels constants, la nouvelle alliance instaurée par le Christ implique une transformation intérieure: "Je mettrai mes lois dans leur esprit, je les écrirai dans leur cœur" (Hébreux 8:10). Cette intériorisation implique une intimité directe et immédiate avec Dieu: "Tous me connaîtront, du plus petit au plus grand" (Hébreux 8:11).

Les implications de cette transformation sont importantes. Premièrement, elle redéfinit radicalement la nature de l'interaction entre le divin et l'humain. La connaissance de Dieu ne se transmet plus exclusivement par les rites sacerdotaux, l'observance de la loi ou le culte sacrificiel, mais est accessible directement par la personne et l'œuvre du Christ. Deuxièmement, elle aborde les limites inhérentes à l'ancienne alliance. L'épître aux Hébreux souligne explicitement que l'introduction même d'une nouvelle alliance implique l'obsolescence de l'ancienne: "En appelant cette alliance "nouvelle", il a rendu la première obsolète" (Hébreux 8, 13). Ce langage brutal souligne l'urgence pastorale de l'auteur. Le public visé doit reconnaître que l'accomplissement opéré par le Christ nécessite de dépasser les formes religieuses antérieures.

Pourtant, l'épître aux Hébreux se garde bien de rejeter ou de déshonorer l'ancienne alliance d'emblée. Elle insiste plutôt sur la continuité, même au sein de cette transformation. La nouvelle alliance accomplit l'ancienne au lieu de la détruire; elle complète ce que le système précédent avait anticipé et préparé. En effet, la prophétie de Jérémie elle-même émerge du cœur même de la tradition de l'ancienne alliance, démontrant ainsi la continuité du plan global de Dieu. L'herméneutique de l'auteur met systématiquement en avant le Christ comme l'aboutissement de la longue histoire d'alliance d'Israël.

Pour la communauté du premier siècle à laquelle s'adressait l'épître aux Hébreux, confrontée aux pressions de la persécution et à un potentiel de dérive, cette vision d'une "alliance meilleure" apportait clarté théologique et encouragement pastoral. Elle réaffirmait leur identité comme participants d'une profonde transformation spirituelle, dépassant la simple adhésion à des rituels extérieurs. Leur fidélité était ancrée non pas dans un temple voué à la destruction ni dans des rites exigeant une répétition constante, mais dans la médiation permanente, suffisante et céleste du Christ.

En conclusion, le chapitre 8 de l'épître aux Hébreux présente le Christ comme le médiateur d'une alliance nouvelle et meilleure, fondée sur une transformation spirituelle durable prophétisée par Jérémie. Par le Christ, l'intimité de l'alliance avec Dieu est intériorisée, accomplie et perfectionnée. Les implications pastorales restent puissantes aujourd'hui, invitant les croyants contemporains à une réflexion plus approfondie sur la manière dont ils vivent et expriment leur relation d'alliance avec Dieu par le Christ.

Excursus: Hébreux, la Nouvelle Alliance et l'histoire de l'antijudaïsme chrétien

L'Épître aux Hébreux présente Jésus comme le médiateur d'une "nouvelle alliance" qui surpasse et accomplit l'alliance établie par Moïse (Hébreux 8:6-13). S'appuyant sur Jérémie 31, l'épître aux Hébreux décrit cette nouvelle alliance comme marquée par une transformation intérieure, une connaissance directe de Dieu et un pardon décisif des péchés. Dans le contexte judéo-chrétien du premier siècle, cette affirmation théologique constituait une profonde affirmation de l'importance du Christ et une réorientation de l'identité de l'alliance autour de lui.

Cependant, au cours de l'histoire de l'Église, ces affirmations ont trop souvent été dissociées de leurs racines juives et instrumentalisées contre le peuple juif. La doctrine de la Nouvelle Alliance est devenue, dans certains milieux de l'Église, le fondement du supersessionnisme – l'idée que l'Église avait définitivement remplacé Israël comme peuple de Dieu. Cette vision a historiquement contribué à un profond héritage d'antijudaïsme, qui, au fil du temps, a évolué vers l'antisémitisme ou s'est croisé avec lui, causant de réels dommages aux communautés juives.

Les premiers écrits chrétiens interprétaient souvent le contraste entre "ancien" et "nouveau" de manière conflictuelle. Par exemple, certains auteurs patristiques décrivaient le judaïsme comme une religion défaillante ou obsolète, son alliance rendue caduque par la venue du Christ. Ce n'était pas nécessairement la logique de l'épître aux Hébreux, mais elle devint un modèle d'interprétation dominant. Le langage des "promesses meilleures", de l'"'alliance obsolète" et de "l'ombre contre la réalité", tel qu'il apparaît dans Hébreux 8 et 10, fut de plus en plus employé non seulement pour exalter le Christ, mais aussi pour dégrader le judaïsme.

Ces courants théologiques ont contribué à un environnement culturel et politique plus large, dans lequel les Juifs étaient marginalisés, stéréotypés et persécutés. Des polémiques théologiques de personnalités comme Jean Chrysostome aux restrictions médiévales, conversions forcées et expulsions, en passant par les justifications religieuses utilisées lors des pogroms et, finalement, par la Shoah, l'héritage de l'antijudaïsme chrétien a eu des conséquences tragiques et durables. Bien qu'il ne soit pas la seule cause de l'antisémitisme, des lectures théologiques déformées de textes comme l'épître aux Hébreux ont contribué à des siècles d'hostilité et de violence.

Compte tenu de cette histoire, les interprètes contemporains de l'épître aux Hébreux sont confrontés à une responsabilité vitale: lire et enseigner le texte d'une manière qui respecte son contexte juif, évite les interprétations supersessionnistes et résiste à la tendance à définir l'identité chrétienne par rapport au judaïsme.

Plusieurs principes peuvent guider ce meilleur chemin:

Contextualiser le contraste

La distinction établie par Hébreux entre l'Ancienne et la Nouvelle Alliances trouve son origine dans un contexte intra-juif. L'auteur ne critique pas le judaïsme de l'extérieur, mais réinterprète les catégories de l'alliance à la lumière de Jésus, que la communauté considère comme le Messie. Son argumentation présuppose un respect partagé pour les Écritures, le Temple et le sacerdoce. Il s'agit d'une reconfiguration théologique, et non d'une dénonciation ethnique ou religieuse.

Affirmer la continuité ainsi que l'épanouissement

L'épître aux Hébreux affirme que la nouvelle alliance était anticipée au sein de l'ancienne. Elle cite Jérémie 31, écrit par un prophète hébreu au peuple d'Israël, comme preuve de l'intention ancienne de Dieu de renouveler l'alliance de l'intérieur. Cette continuité remet en question les interprétations qui opposent le christianisme et le judaïsme, voire les opposent mutuellement.

Rejeter la théologie du remplacement

Un nombre croissant de théologiens chrétiens prônent aujourd'hui des lectures post-supersessionnistes du Nouveau Testament, des approches qui affirment la validité durable de l'alliance de Dieu avec le peuple juif. Ces interprétations soutiennent que les croyants non juifs sont intégrés à l'histoire d'Israël par le Christ, non pas comme remplaçants, mais comme participants à l'expansion des promesses divines.

Apprendre du dialogue judéo-chrétien

Ces dernières décennies, le dialogue renouvelé entre érudits juifs et chrétiens a permis une meilleure compréhension mutuelle. Les interprètes juifs ont mis en lumière l'héritage scripturaire commun de l'épître aux Hébreux et son profond lien avec la pensée juive. Les lecteurs chrétiens, quant à eux, ont été incités à aborder des textes comme l'épître aux Hébreux avec plus d'humilité et une plus grande vigilance face aux dangers du triomphalisme théologique.

Adopter l'éthique des Hébreux

Ironiquement, les thèmes mêmes mis en avant dans l'épître aux Hébreux – la persévérance, l'humilité, l'accès à Dieu par la miséricorde et la compassion sacerdotale – remettent en question toute interprétation qui encourage l'arrogance, la supériorité ou le mépris. La "meilleure alliance" n'est pas une licence pour l'orgueil, mais une invitation à une fidélité plus profonde, façonnée par l'intercession et l'amour désintéressé du Christ.

L'histoire antijudaïsante de l'Église offre un contexte édifiant pour lire l'épître aux Hébreux aujourd'hui. Si la lettre proclame la gloire incommensurable du Christ et les promesses de la nouvelle alliance, elle ne doit pas être détournée de récits qui rabaissent ou dévalorisent le peuple juif. Au contraire, une lecture attentive et fidèle de l'épître aux

Hébreux peut conduire à une meilleure appréciation de ses racines juives, à une vision plus inclusive de l'alliance et à une identité chrétienne marquée non par l'opposition, mais par l'humilité, le respect et l'espérance partagée.

Chapitre 11
Le sacrifice unique du Christ
(Hébreux 9:1–10:18)

Les chapitres 9 et 10 de l'épître aux Hébreux offrent l'une des réflexions théologiques les plus riches du Nouveau Testament sur le sacrifice du Christ. Après avoir établi le sacerdoce céleste et l'alliance supérieure du Christ, l'auteur dépeint avec vivacité les implications du sacrifice du Christ comme un événement définitif, singulier et unique, contrastant fortement avec les rituels répétés de l'Ancienne Alliance.

Le chapitre 9 commence par une description du tabernacle terrestre et de ses rituels (9:1–10). Ces pratiques, explique l'auteur, servaient principalement de symboles, de mesures temporaires qui ne permettaient pas une purification durable de la conscience. Il s'agissait de règles extérieures annonçant une purification plus profonde, plus profonde, qui ne pouvait être obtenue que par le sacrifice du Christ. Le tabernacle, avec ses espaces distincts de sainteté croissante – le Lieu Saint et le Lieu Très Saint – illustrait la séparation entre l'humanité et Dieu, nécessitant une intercession sacerdotale constante et des sacrifices continuels.

L'épître aux Hébreux déplace ensuite radicalement l'attention des rituels terrestres vers la réalité céleste. Le Christ est décrit entrant non pas dans un sanctuaire construit par l'homme, mais au ciel lui-même, apparaissant devant Dieu au nom de l'humanité (9:11-12). Contrairement aux prêtres lévitiques, qui exigeaient l'offrande répétée de sang animal, le Christ a offert son propre sang, garantissant une "rédemption éternelle". Cette distinction est essentielle: les sacrifices d'animaux étaient limités, symboliquement efficaces, mais finalement incapables d'effacer complètement la culpabilité ou d'aboutir à une réconciliation durable. En revanche, le sacrifice du Christ accomplit une véritable et durable purification de la conscience humaine, transformant les croyants de l'intérieur.

Au cœur de cet argument se trouve la réflexion de l'auteur sur la nature de la mort du Christ. Elle est présentée comme l'accomplissement ultime du système sacrificiel inauguré sous l'alliance mosaïque. En soulignant la supériorité et la suffisance de l'offrande du Christ, l'épître aux Hébreux montre clairement que l'ancien système, fondé sur des sacrifices répétés, est accompli et rendu obsolète par l'acte singulier du Christ (9:23-28). Le sacrifice du Christ inaugure ainsi une ère nouvelle caractérisée par un accès direct à Dieu, marqué par un renouveau spirituel intérieur et une profonde assurance du pardon.

L'imagerie s'intensifie au chapitre 10, où les limites de l'ancien système sacrificiel sont réitérées: "Il est impossible que le sang des taureaux et des boucs ôte les péchés" (10:4). La répétition des sacrifices soulignait leur inefficacité et indiquait quelque chose de meilleur: un sacrifice véritablement purificateur et sanctifiant une fois pour toutes. L'auteur cite le Psaume 40, en utilisant la version grecque de la Septante (LXX), qui dit: "Tu m'as préparé un corps", plutôt que "Tu m'as creusé des oreilles" comme le texte massorétique. L'épître aux Hébreux utilise cette différence textuelle significative pour souligner l'offrande corporelle et sacrificielle du Christ, soulignant son don volontaire et total de lui-même en obéissance à la volonté de Dieu. Cette interprétation christologique établit une relation d'alliance nouvelle et durable.

Le sacrifice du Christ, selon Hébreux, accomplit ce que les anciens sacrifices ne pouvaient que symboliser. Il réalise une véritable sanctification, mettant à part les croyants pour toujours et les sanctifiant devant Dieu (10:10). L'auteur souligne le caractère achevé de ce sacrifice en rappelant la position du Christ assis à la droite de Dieu – un acte symbolique puissant soulignant l'achèvement, la finalité et la suffisance (10:12-14).

Les implications pastorales et théologiques du sacrifice unique du Christ sont profondes. Hébreux 10:18 constitue l'aboutissement pratique de l'intense argumentation théologique de l'auteur, affirmant sans équivoque que "là où il y a pardon de ces péchés, il n'y a plus d'offrande pour le péché". Cette portée théologique se traduit directement dans la réalité: le système sacrificiel impliquant des offrandes animales répétées est rendu inutile par le sacrifice achevé du Christ. Ainsi, l'épître aux Hébreux non seulement redéfinit les conceptions théologiques, mais modifie profondément la pratique religieuse, confirmant que les anciennes méthodes d'expiation sont désormais obsolètes grâce au pardon complet et définitif obtenu par Jésus. Les croyants sont invités à une nouvelle alliance caractérisée par la confiance, l'intimité et l'assurance d' une réconciliation permanente avec Dieu, s'appuyant pleinement sur l'œuvre achevée du Christ.

En conclusion, Hébreux 9:1–10:18 offre une réflexion définitive sur le sacrifice du Christ, un événement transformateur et définitif qui accomplit et remplace les rituels de l'ancienne alliance. Par son sacrifice singulier, le Christ inaugure une nouvelle alliance caractérisée par le pardon permanent, la sanctification intérieure et l'accès direct à Dieu.

Excursus: Le sacrifice animal dans le monde antique

Pour apprécier pleinement la signification théologique du sacrifice unique du Christ rapporté en Hébreux 9-10, il est important de comprendre le contexte culturel et religieux plus large dans lequel s'inscrivait le sacrifice animal. Loin d'être une pratique israélite spécifique, le sacrifice animal était un phénomène universel dans le monde antique, traversant cultures, continents et croyances. Pour les peuples anciens, le sacrifice était au cœur de la compréhension et du maintien de la relation entre le divin et l'humain.

La logique du sacrifice

Dans la plupart des sociétés antiques, le sacrifice servait de moyen de communication avec le divin. Des animaux étaient offerts aux dieux pour exprimer leur gratitude, solliciter leur faveur, expier une faute ou obtenir leur protection. L'hypothèse sous-jacente était que les êtres divins pouvaient être honorés et apaisés par des offrandes rituelles, notamment celles impliquant le sang, le feu et la transformation de la matière physique. L'acte de tuer et d'offrir un animal n'était pas seulement symbolique; il était considéré comme visant à établir ou à restaurer l'ordre cosmique, l'harmonie sociale et la purification personnelle.

Cette logique s'appliquait aux systèmes religieux mésopotamiens, égyptiens, grecs, romains et cananéens. Dans la religion grecque, par exemple, les sacrifices collectifs étaient souvent célébrés sur des autels extérieurs aux temples, impliquant la combustion de portions choisies et le partage du reste lors d'un repas rituel. La religion romaine a institutionnalisé les rites sacrificiels comme partie intégrante de l'identité civique et de la stabilité de l'État. Dans la pratique cananéenne, les sacrifices étaient liés à la fertilité, aux cycles saisonniers et parfois à des expressions extrêmes comme le sacrifice d'enfants – pratiques dont les Écritures d'Israël se distancient explicitement (par exemplc, Lévitique 18:21).

Sacrifice animal en Israël

Bien que partageant de nombreuses formes sacrificielles avec ses voisins – holocaustes, sacrifices de paix, sacrifices pour le péché et sacrifices de culpabilité –, la théologie sacrificielle israélite se distinguait par son strict monothéisme et son cadre d'alliance. Les sacrifices n'étaient pas offerts pour obtenir une faveur arbitraire, mais pour exprimer la fidélité à l'alliance, remédier à l'impureté et maintenir l'intégrité relationnelle avec Yahweh. Le Lévitique exprime pleinement cette théologie, où l'effusion du sang sert de moyen de purification rituelle et d'expiation: "Car l'âme de la chair est dans le sang... c'est le sang qui fait l'expiation par l'âme" (Lév 17:11).

Le Jour des Expiations (Yom Kippour), explicitement mentionné dans l'épître aux Hébreux, illustrait ce système. Une fois par an, le grand prêtre entrait dans le Lieu Très Saint pour offrir du sang au nom de toute la communauté, purifiant symboliquement le peuple et le sanctuaire (Lévitique 16). Ce rituel révélait à la fois la gravité du péché et la possibilité d'une réconciliation, mais aussi son caractère éphémère. La répétition du sacrifice, année après année, témoignait à la fois de la nécessité et de l'inadéquation du système.

Hébreux et la critique de la répétition

Dans ce contexte, l'Épître aux Hébreux formule une affirmation théologique profonde: l'offrande de Christ diffère qualitativement des sacrifices animaux répétés de l'Ancienne Alliance. Le sang animal pouvait purifier la chair, mais non la conscience (Hébreux 9:13-14). La répétition même des sacrifices révélait leur incapacité à éradiquer le péché une fois pour toutes (10:1-4). Le sacrifice du Christ, en revanche, est décrit comme "une fois pour toutes", offert "par l'Esprit éternel", opérant une rédemption complète et permanente (9:12, 14, 26).

L'auteur de l'épître aux Hébreux ne dénigre pas l'ancien système, mais le considère comme provisoire et anticipatoire. Les sacrifices d'animaux de l'alliance mosaïque annonçaient, au-delà d'eux-mêmes, une réalité plus vaste. Ils fonctionnaient comme des symboles, des ombres rituelles de la substance qui se réaliserait en Christ. Dans ce contexte, la mort de Jésus n'est pas une simple offrande de plus dans une longue série, mais le sacrifice singulier et définitif qui permet un véritable accès à Dieu et une véritable purification du péché.

Le sacrifice animal et les lecteurs modernes
Pour les lecteurs modernes, en particulier ceux qui ne sont pas familiers avec les cultures religieuses antiques, la prédominance du langage sacrificiel dans l'épître aux Hébreux peut être difficile, voire rebutante. La sensibilité contemporaine est bien loin d'un monde où tuer des animaux était non seulement une signification religieuse, mais aussi une norme sociale. Pourtant, comprendre le sacrifice antique comme un mode universel de relation entre le divin et l'humain éclaire la raison pour laquelle l'épître aux Hébreux insiste si fortement sur le rôle sacrificiel du Christ.

Dans le monde antique, l'abolition du sacrifice aurait été impensable. Le supprimer reviendrait à rompre le moyen même par lequel l'humanité s'approchait du divin. L'épître aux Hébreux ose affirmer cela, non pas en rejetant complètement le sacrifice, mais en affirmant qu'en Jésus, le sacrifice a atteint son paroxysme. Aucune autre offrande n'est nécessaire, car le seul véritable sacrifice a été accompli.

Le sacrifice animal était fondamental pour la religion antique, y compris celle d'Israël. Il représentait à la fois le désir profond de l'humanité de communion divine et le problème persistant du péché et de l'éloignement. L'épître aux Hébreux honore cette tradition tout en déclarant que l'offrande du Christ a accompli ce que le sacrifice animal n'aurait jamais pu accomplir. Son sang, versé une fois pour toutes, inaugure une voie nouvelle et vivante vers la présence de Dieu, rendant toute nouvelle effusion de sang à la fois inutile et obsolète. Ainsi, l'épître aux Hébreux s'inspire et transcende le monde sacrificiel qu'elle habite, orientant les lecteurs vers un Dieu qui désire non pas le sang des taureaux et des boucs, mais des cœurs transformés par la grâce.

Chapitre 12
Tenez bon à la foi
Avertissements et exemples
(Hébreux 10:19–11:40)

Après avoir pleinement établi la supériorité du sacerdoce et du sacrifice du Christ, l'auteur de l'épître aux Hébreux se tourne vers une exhortation pastorale explicite au chapitre 10, verset 19. Cette section, qui s'étend jusqu'au célèbre "Salle de la foi" du chapitre 11, marque un passage de l'exposé théologique à des encouragements pressants et des mises en garde. L'auditoire est imploré de persévérer dans la foi, ancré dans la pleine assurance que procure l'œuvre achevée du Christ.

Hébreux 10:19–25 initie ce changement en exhortant les croyants à entrer avec confiance dans la présence de Dieu, le cœur purifié et la conscience purifiée par le sacrifice du Christ. Les implications théologiques sont concrètes et immédiates: les croyants doivent "rester fermement attachés à l'espérance que nous professons", s'encourager mutuellement, se réunir régulièrement et maintenir une vigilance spirituelle (10:23–25). L'auteur met l'accent sur la responsabilité communautaire, soulignant que la persévérance dans la foi n'est pas seulement individuelle, mais profondément collective.

Cette urgence pastorale est encore soulignée par un avertissement sévère contre l'apostasie délibérée dans Hébreux 10:26-31. Ceux qui rejettent sciemment le Christ après avoir fait l'expérience de la vérité s'exposent à de graves conséquences. L'intensité de cet avertissement a une visée rhétorique, soulignant l'importance de la fidélité et la gravité de l'abandon du sacrifice unique et final du Christ. Plutôt que de se contenter d'instiller la peur, il souligne l'importance irremplaçable de l'œuvre expiatoire du Christ, poussant les croyants à une dévotion renouvelée.

L'épître aux Hébreux contrebalance cet avertissement par un rappel de l'histoire personnelle de l'auditoire, marquée par la persévérance face à la persécution et aux épreuves (10:32-39). Ils avaient déjà fait preuve de persévérance au milieu des souffrances, s'étaient exposés publiquement à l'opprobre et avaient partagé volontiers les afflictions de leurs frères croyants. L'auteur affirme que leur résilience passée est la preuve d'une foi authentique, les exhortant à persévérer dans l'attente de la récompense promise. Ainsi, la fidélité passée devient à la fois un réconfort et un appel à la fidélité continue.

Le célèbre chapitre 11 offre une illustration narrative saisissante de cette persévérance par la foi. Souvent appelé le "Palais de la Foi", il recense des personnages de l'Ancien Testament dont la vie a illustré une confiance inébranlable en Dieu au milieu de l'adversité et de l'incertitude. D'Abel et Énoch à Noé, Abraham, Sara, Moïse et au-delà, la liste résume un large éventail de vies fidèles: obéissance, endurance, sacrifice et attente pleine d'espoir de promesses qui ne se sont pas pleinement réalisées de leur vivant.

Ces héros de la foi ne sont pas dépeints comme des individus irréprochables, mais comme des modèles de confiance constante dans les promesses de Dieu. Leurs histoires illustrent collectivement la foi comme "une assurance des choses qu'on espère, une démonstration de celles qu'on ne voit pas" (11:1). Pour Hébreux, la foi est dynamique et active, s'exprimant par des actes concrets d'obéissance, de sacrifice et de courage face à l'opposition et à la souffrance.

L'épître aux Hébreux met également l'accent sur la dimension eschatologique de la foi: chaque personnage du chapitre 11 est caractérisé par une attente tournée vers l'avenir, reconnaissant son statut de pèlerin et anticipant une future cité conçue et construite par Dieu (11,13-16). Cette orientation est un profond encouragement pour les lecteurs, leur rappelant que la foi implique intrinsèquement une attente patiente et la confiance en l'accomplissement ultime de Dieu.

Il est important de noter que l'épître aux Hébreux conclut ce catalogue en soulignant le caractère incomplet des expériences de ces personnages antiques: "Tous ont été loués à cause de leur foi, mais aucun d'eux n'a obtenu ce qui avait été promis, car Dieu avait prévu pour nous quelque chose de meilleur, afin qu'ils parviennent à la perfection seulement avec nous." (11:39-40). Cette déclaration fondamentale relie les croyants passés, présents et futurs, soulignant un récit unifié de la rédemption culminant en Christ.

L'objectif pastoral est clair: l'auditoire est invité à replacer ses propres luttes et incertitudes dans le contexte plus large de la fidélité de Dieu à travers l'histoire. Héritiers de cet héritage de foi, les croyants sont contraints de ne pas reculer, mais d'avancer avec confiance, encouragés par la multitude de témoins fidèles qui témoignent de la fidélité et des promesses immuables de Dieu.

En résumé, Hébreux 10:19–11:40 intègre magistralement exhortation, avertissement, encouragement et illustration historique pour inciter les croyants à une foi inébranlable. Les récits des héros du passé renforcent l'appel à la persévérance présente, fondant fermement leur espérance sur la fidélité de Dieu et l'œuvre achevée du Christ.

Excursus: Foi et fidélité dans le Nouveau Testament — La richesse de Πιστις

Le mot grec πιστις (*pistis*), communément traduit par "foi", est l'un des termes les plus significatifs et les plus complexes du Nouveau Testament sur le plan théologique. Au cœur de la vie et de la doctrine chrétiennes, *pistis* peut véhiculer une gamme de significations, allant de la croyance ou de la confiance à la loyauté, la fidélité et la constance. L'Épître aux Hébreux, notamment au chapitre 11, illustre parfaitement cette diversité en décrivant la foi non seulement comme un assentiment intellectuel, mais aussi comme une fidélité persistante, courageuse et incarnée à Dieu.

Pistis: un champ sémantique

Dans le grec classique et hellénistique, *le mot pistis* avait une large portée sémantique. Il pouvait signifier:

Confiance en une personne ou une affirmation (apparentée à "croyance")

Fiabilité ou crédibilité (comme dans "ce rapport est digne de confiance")

Loyauté ou fidélité dans les relations, en particulier au sein des systèmes clientélistes ou des alliances politiques

Dans les textes grecs juifs comme la Septante, le mot pistis revêtait également des connotations d'alliance, souvent alignées sur des termes hébreux tels que "emunah", qui désigne la constance ou la fidélité. Dans les Psaumes et les écrits prophétiques, le mot *pistis* désigne généralement la fidélité de Dieu à ses promesses. Ainsi, *il* pouvait décrire à la fois la fiabilité inébranlable de Dieu et la réponse humaine de confiance et de loyauté.

Foi ou fidélité? Interprétation de Pistis dans le Nouveau Testament

Lorsque les auteurs du Nouveau Testament emploient *le mot pistis,* ils passent souvent d'un sens à l'autre avec fluidité. Par exemple:

Dans les lettres de Paul, *pistis* peut signifier la confiance dans l'action salvatrice de Dieu (Rom. 3:28), mais cela connote également une vie de loyauté envers l'alliance (Gal. 5:6; 1 Thess. 1:3).

Le débat sur la question de savoir si "πίστις Χριστο ῦ" (par exemple, Gal. 2:16; Rom. 3:22) doit être traduit par "foi en Christ" (génitif objectif) ou "fidélité du Christ" (génitif subjectif) illustre cette complexité. Les deux traductions sont grammaticalement possibles et théologiquement riches.

Dans Hébreux 11, *la pistis* n'est pas présentée comme une croyance abstraite, mais comme une fidélité durable exprimée par des actions concrètes. Le "Temple de la Foi" présente des individus qui, "par la foi", ont obéi, bâti, souffert, erré et enduré. La foi ici ne consiste pas simplement à croire en l'existence de Dieu (cf. Hébreux 11:6), mais à agir conformément à ses promesses malgré les retards, les difficultés ou l'incertitude. Abel offre. Noé construit. Abraham part. Moïse refuse. Rahab accueille. Chaque acte témoigne d'une *pistis* qui inclut à la fois la confiance en Dieu et l'obéissance fidèle à son appel.

Le message pastoral est clair: pour Hébreux, *la pistis* n'est pas une qualité statique, mais une orientation vécue vers Dieu: lui faire confiance pour l'invisible et rester fidèle au milieu des épreuves. Il s'agit moins de certitude mentale que de persévérance relationnelle.

Chapitre 13
Courez avec endurance
La discipline de Dieu et la citoyenneté céleste
(Hébreux 12:1-29)

Au chapitre 12, l'épître aux Hébreux passe harmonieusement d'exemples de fidélité historique à une exhortation directe sur les implications pratiques d'une foi durable. S'inspirant de la "grande nuée de témoins" décrite précédemment, l'auteur appelle désormais les croyants à incarner activement cet héritage en persévérant dans leur cheminement spirituel, même au milieu des épreuves et de la discipline divine.

Le chapitre s'ouvre par un recours saisissant à une imagerie sportive pour souligner la persévérance: "Rejetons tout ce qui nous entrave et le péché qui nous enveloppe si facilement, et courons avec persévérance dans la carrière qui nous est proposée" (12,1). Cette métaphore traduit efficacement l'effort rigoureux, l'engagement concentré et la détermination disciplinée exigés des croyants. Point crucial, l'auteur attire leur attention sur Jésus, modèle d'endurance, qui "a souffert la croix, méprisant l'ignominie, pour la joie qui lui était réservée, et s'est assis à la droite du trône de Dieu" (12,2). Ainsi, le Christ n'est pas seulement l'objet de la foi, mais aussi son modèle suprême, démontrant l'endurance dans la souffrance pour la gloire future.

L'épître aux Hébreux approfondit le thème de la souffrance en le recadrant sous l'angle de la discipline divine (12:5-11). Citant Proverbes 3:11-12, l'auteur présente les épreuves comme une preuve de la sollicitude paternelle de Dieu plutôt que de sa négligence. La discipline, bien que douloureuse, est présentée de manière positive, comme un signe de relation authentique avec Dieu qui recherche la maturité spirituelle et la sainteté pour ses enfants. Cette perspective transforme les expériences d'adversité, de simples obstacles, en opportunités significatives de croissance, exhortant les croyants à réagir avec patience, résilience et confiance.

L'exhortation passe de l'endurance personnelle à la responsabilité collective en 12:12-17. Les croyants sont exhortés à se soutenir mutuellement dans leur épreuve collective, en veillant à ce que personne ne se prive de la grâce de Dieu par amertume, immoralité ou négligence spirituelle. L'exemple d'Ésaü sert d'avertissement sérieux contre les dangers de la gratification immédiate et du mépris insouciant de son héritage spirituel. Ce rappel renforce le sérieux avec lequel les croyants doivent assumer leurs responsabilités spirituelles communautaires et individuelles.

Dans la partie culminante du chapitre 12 (versets 18-29), l'épître aux Hébreux oppose la crainte et l'inaccessibilité du Sinaï à la réalité joyeuse et accueillante du mont Sion. Sous la nouvelle alliance, les croyants ne s'approchent pas de Dieu avec la crainte tremblante associée à la loi mosaïque, mais avec une confiance joyeuse, célébrant leur statut de citoyens de la Jérusalem céleste. Cette représentation de Sion souligne avec éclat la sécurité, la permanence et le privilège spirituel inhérents à la nouvelle relation des croyants avec Dieu par le Christ.

Néanmoins, l'auteur conclut par un rappel solennel: ce privilège céleste n'implique ni familiarité désinvolte ni révérence diminuée. Dieu demeure "un feu dévorant" (12:29), et le royaume dont les croyants héritent est finalement "inébranlable", précisément en raison de la sainteté et de l'autorité souveraine de Dieu. Ainsi, la réponse appropriée est une vie caractérisée par une adoration respectueuse, un respect révérencieux et une profonde gratitude, équilibrant joie confiante et humble révérence.

En résumé, Hébreux 12 synthétise avec force l'exhortation personnelle, la responsabilité communautaire et la promesse eschatologique. En interprétant l'adversité comme une discipline divine intentionnelle et en soulignant la citoyenneté céleste privilégiée des croyants, il exhorte à une persévérance active et disciplinée, fermement ancrée dans l'exemple du Christ et dans les promesses éternelles de Dieu.

Excursus: La signification de Παιδεία dans le monde antique et dans l'épître aux Hébreux

Dans la pensée grecque classique, la paideia désignait la formation éducative, morale et civique d'une personne, en particulier d'un jeune citoyen. Elle impliquait non seulement l'apprentissage de la langue, de la littérature et de la philosophie, mais aussi le développement de la vertu, de la discipline et de l'endurance. L'objectif de la paideia était de façonner le caractère et les habitudes d'une personne afin qu'elle puisse s'acquitter de ses responsabilités sociales et morales. Ce processus était rigoureux, impliquant efforts, formation, correction et parfois difficultés. Mais son objectif était toujours constructif: produire maturité, sagesse et excellence (aretē).

Ce concept est resté influent dans le judaïsme hellénistique. Le livre des Proverbes, largement lu dans la diaspora juive, louait la discipline du Seigneur comme un signe d'amour et un chemin vers la sagesse (par exemple, Proverbes 3:11-12). La Septante, traduction grecque de la Bible hébraïque, utilise παιδεία à plusieurs reprises pour traduire les termes hébreux liés à la correction, à l'instruction et à l'éducation. La Paideia était donc déjà familière à de nombreux lecteurs juifs du premier siècle, à la fois comme un idéal philosophique et comme un modèle d'alliance de l'engagement de Dieu envers son peuple.

Hébreux 12:5–11 s'inspire directement de Proverbes 3:11–12, citant le passage pour ancrer son appel à l'endurance dans les Écritures:
"Mon enfant, ne méprise pas la correction (παιδεία) du Seigneur... car le Seigneur châtie ceux qu'il aime." (Hébreux 12:5–6)

L'auteur construit ensuite un argument théologique fondé sur l'imagerie familiale: tout comme les pères terrestres disciplinent leurs enfants par amour et par responsabilité, Dieu discipline aussi ceux qu'il appelle "fils". Faire l'expérience de la παιδεία divine, ce n'est donc pas être rejeté, mais être reconnu comme un enfant légitime de Dieu (Hébreux 12:7-8).

Le ton ici est pastoral, et non punitif. Hébreux ne suggère pas que toute souffrance est une correction ordonnée par Dieu, mais plutôt que l'expérience de l'épreuve peut être comprise comme faisant partie du processus formateur de Dieu. C'est un appel à interpréter la souffrance non pas comme un abandon, mais comme une opportunité: une invitation à la croissance spirituelle, au raffinement moral et à une confiance relationnelle plus profonde en Dieu.

Le chapitre affirme que ce processus est difficile: "Sur le moment, toute discipline semble plus pénible qu'agréable" (12:11). Pourtant, il insiste sur le fait que le résultat – "le fruit paisible de la justice" – justifie le travail. Tel un athlète en entraînement ou un étudiant soumis à une instruction rigoureuse, le croyant endure non pas la douleur elle-même, mais l'excellence qu'elle produit.

Chapitre 14
Vivre à l'extérieur du camp
Éthique, communauté et culte
(Hébreux 13:1–25)

Le chapitre 13 de l'épître aux Hébreux poursuit l'exhortation éthique de l'épître, soulignant comment les vérités théologiques se traduisent dans la vie communautaire quotidienne. Après avoir longuement exposé les profondes réalités spirituelles et théologiques du sacerdoce, du sacrifice et de l'alliance du Christ, l'auteur conclut par des instructions claires et pratiques concernant la vie éthique, les responsabilités communautaires et les pratiques cultuelles. Ce dernier chapitre souligne la continuité entre croyance et comportement, exhortant les croyants à incarner leur citoyenneté céleste par des actions concrètes.

Le chapitre s'ouvre par une exhortation concise mais puissante: "Continuez à vous aimer les uns les autres comme des frères" (13,1). L'amour, constamment présenté comme central dans l'éthique du Nouveau Testament, est ici privilégié comme caractéristique déterminante de la communauté chrétienne. L'appel s'étend spécifiquement à l'hospitalité envers les étrangers, rappelant des exemples bibliques d'individus ayant accueilli des anges sans le savoir (13,2). Une telle hospitalité est synonyme d'ouverture, de générosité et de dépassement des barrières sociales, reflétant l'amour inclusif du Christ.

D'autres instructions éthiques suivent, soulignant la solidarité compatissante envers ceux qui souffrent de persécution ou d'emprisonnement (13:3), le maintien de la pureté dans les relations conjugales (13:4) et la culture du contentement exempt de cupidité (13:5). Chaque instruction ancre fermement le comportement éthique dans le raisonnement théologique: la fidélité et la présence de Dieu soutiennent les choix éthiques du croyant, lui permettant de rejeter avec assurance le matérialisme et l'immoralité.

L'épître aux Hébreux souligne notamment l'importance d'honorer et de se soumettre aux dirigeants communautaires qui proclament fidèlement la parole de Dieu (13:7, 17). Les croyants sont encouragés à observer et à imiter la vie de fidélité et de constance de leurs dirigeants. Parallèlement, il leur est rappelé leur responsabilité de guider avec soin, sachant qu'ils devront rendre des comptes devant Dieu. Cette responsabilité mutuelle favorise une communauté marquée par la confiance, l'intégrité et la maturité spirituelle.

La centralité de la nature immuable du Christ est réaffirmée succinctement: "Jésus-Christ est le même hier, aujourd'hui et éternellement" (13,8). Cette affirmation ancre les exhortations éthiques dans la constance du caractère du Christ et sa fidélité inébranlable. Parce que le Christ ne change pas, les croyants sont encouragés à demeurer fermes dans leur foi et leur pratique, résistant aux nouveautés théologiques ou aux pressions religieuses extérieures qui s'écartent des enseignements fondamentaux de l'Évangile (13,9).

Hébreux 13:10–16 continue d'allier réflexion théologique et culte pratique. L'auteur oppose le culte centré sur l'offrande sacrificielle du Christ aux pratiques de l'alliance antérieure. Les croyants sont appelés à porter l'opprobre du Christ, métaphoriquement "sortant du camp", indiquant leur volonté d'accepter la marginalisation pour leur identification avec le Christ. Le véritable culte, selon Hébreux, ne consiste pas seulement en des actes rituels, mais en des actes de bonté, de générosité et de vie éthique, décrits comme des sacrifices agréables à Dieu (13:15–16).

Le chapitre se conclut par des remarques personnelles, des requêtes de prière et des bénédictions (13,18-25), renforçant les dimensions relationnelles et communautaires de la fidélité. Ces salutations finales soulignent les liens d'affection, d'attention et d'interdépendance au sein de la communauté de foi, exhortant les croyants à prier les uns pour les autres et pour leurs chefs spirituels.

L'épître aux Hébreux se termine par une bénédiction magnifique et riche en théologie, invoquant le Dieu de paix qui a ressuscité Jésus d'entre les morts pour équiper les croyants en toute bonne œuvre (13:20-21). Cette prière résume les thèmes centraux de l'épître: la suffisance du sacrifice du Christ, le pouvoir transformateur de la nouvelle alliance et l'appel à une vie éthique, portée par la grâce de Dieu.

En résumé, le chapitre 13 de l'épître aux Hébreux intègre l'exhortation éthique, les responsabilités communautaires concrètes et un culte authentique, illustrant ainsi la nécessité de profondes réflexions théologiques dans la vie quotidienne. En reliant directement l'éthique au caractère immuable et à l'œuvre accomplie du Christ, l'auteur démontre de manière convaincante que la foi authentique se révèle constamment par des actes d'amour, une fidélité communautaire et une obéissance adoratrice.

Excursus: La persécution dans le christianisme primitif — Un contexte pour la vision éthique des Hébreux

Tout au long de l'Épître aux Hébreux, et particulièrement dans son point culminant et exhortatif du chapitre 13, le ton est urgent, pastoral et éthique. La communauté est appelée à l'amour mutuel, à l'hospitalité, à la compassion envers les prisonniers, à la pureté sexuelle, au contentement et au respect des dirigeants. Ces instructions ne sont pas de simples vertus abstraites: elles sont des réponses au vécu d'une communauté sous pression. L'épître aux Hébreux offre ces commandements à l'ombre de la persécution, de la marginalisation et de la souffrance.

Comprendre la nature de la persécution dans le christianisme primitif – ses formes, ses causes et son impact psychologique – peut aider les lecteurs modernes à saisir à la fois la dureté et la tendresse des exhortations de l'épître aux Hébreux.

Contrairement aux siècles suivants, où les chrétiens ont été confrontés à des persécutions officielles à l'échelle de l'empire sous des dirigeants comme Dèce ou Dioclétien, l'opposition décrite dans Hébreux reflète une forme de pression locale, sociale et officieuse. Hébreux 10:32-34 évoque des expériences antérieures de déshonneur public, de pertes matérielles et de solidarité avec les prisonniers:

> Tu as soutenu un dur combat au milieu des souffrances, parfois exposé publiquement aux abus et à la persécution… Car tu avais compassion de ceux qui étaient en prison, et tu acceptais avec joie qu'on te vole tes biens.

Ce passage suggère que la communauté avait déjà souffert pour sa foi, mais probablement pas encore jusqu'au martyre. Hébreux 12:4 le confirme: "Dans votre lutte contre le péché, vous n'avez pas encore résisté jusqu'à verser votre sang."

La nature de ces souffrances incluait probablement l'aliénation sociale, la perte de statut juridique ou économique et l'hostilité locale, plutôt que des poursuites judiciaires formelles. Des preuves extérieures au Nouveau Testament corroborent ce modèle. Un exemple célèbre apparaît dans la correspondance entre Pline le Jeune, gouverneur romain de Bithynie-Pont (dans l'actuelle Turquie), et l'empereur Trajan, vers 112 apr. J.-C.

Dans sa Lettre à Trajan (Ép. 10.96-97), Pline décrit ses rencontres avec des chrétiens dans sa province et ne sait pas comment procéder. Il ne les recherche pas activement, mais enquête lorsque des accusations sont portées. Les chrétiens sont interrogés et, s'ils persistent dans leurs confessions, ils peuvent être punis; ceux qui se rétractent et adorent les dieux romains sont toutefois épargnés. Pline note qu'il exigeait des chrétiens suspectés d'offrir de l'encens et du vin à l'image de l'empereur et de maudire le Christ, des preuves de loyauté que les chrétiens refusaient généralement.

Pline rapporte, de manière cruciale, que la "contagion" du christianisme s'est propagée non seulement dans les villes, mais aussi dans les zones rurales, et que les anciens païens abandonnaient les temples et les sacrifices traditionnels. Trajan, en réponse, ordonne à Pline de ne pas traquer activement les chrétiens, mais de les punir s'ils sont formellement accusés et reconnus coupables.

Cette correspondance illustre plusieurs caractéristiques clés des premières persécutions auxquelles les chrétiens ont été confrontés:

C'était une décision régionale et spécifique à chaque cas, qui dépendait de l'attitude des gouverneurs locaux.

L'infraction principale n'était pas d'avoir des croyances non orthodoxes en soi, mais de ne pas respecter les normes religieuses romaines, en particulier le culte de l'empereur.

Les accusations peuvent découler d'un ressentiment social, d'une suspicion religieuse ou de tensions politiques.

Bien que la lettre de Pline soit postérieure de plusieurs décennies à celle des Hébreux, elle reflète le type d'hostilité civique imprévisible et de marginalisation religieuse que les lecteurs de l'épître aux Hébreux ont pu subir. Leur souffrance n'était pas encore celle du martyre, mais elle était bien réelle: pressions économiques, perte de statut, menaces d'emprisonnement et tentation constante de revenir à des formes de religion plus socialement acceptables.

Chapitre 15
Statut canonique et réception historique

L'Épître aux Hébreux occupe une place unique dans l'évolution du canon du Nouveau Testament. Son anonymat, sa théologie complexe et sa singularité stylistique la distinguent des autres écrits apostoliques. Pourtant, malgré – ou peut-être grâce à – ces qualités distinctives, l'Épître aux Hébreux a exercé une profonde influence sur la théologie, la liturgie et l'identité ecclésiale des premiers chrétiens. Ce chapitre retrace l'évolution de la réception de l'Épître aux Hébreux, examinant son inclusion dans le canon et le poids théologique qu'elle a exercé à travers les générations.

Il est important de reconnaître que le concept d'un canon néotestamentaire fixe n'a véritablement émergé qu'au IVe siècle. Avant cette période, les premières communautés chrétiennes étaient engagées dans des processus fluides et localisés d'utilisation des textes et de discernement théologique. Ainsi, la réception de l'épître aux Hébreux avant le IVe siècle ne doit pas être décrite en termes de simple acceptation ou rejet. L'utilisation précoce de l'épître aux Hébreux – et, parfois, son absence d'utilisation – reflète plutôt des schémas plus larges de formation scripturale, d'incorporation liturgique et de résonance théologique.

L'épître aux Hébreux est notablement absente de certaines listes anciennes d'écrits faisant autorité et est sous-représentée dans les citations de certains auteurs du IIe siècle. Le fragment de Muratori, dont la date et la provenance précises restent controversées, n'inclut pas l'épître aux Hébreux. Cette omission pourrait refléter des hésitations quant à la paternité, à l'usage géographique ou à l'évolution des collections de manuscrits. Les incertitudes entourant le contexte du fragment incitent également à ne pas tirer de conclusions définitives quant au statut de l'épître aux Hébreux dans toutes les premières communautés chrétiennes. Néanmoins, de telles omissions n'indiquent pas nécessairement un rejet.

Une différence fondamentale dans la réception initiale de l'épître aux Hébreux réside dans les traditions manuscrites grecques et latines. L'épître aux Hébreux figurait systématiquement dans les recueils grecs des lettres de Paul, mais était initialement exclue des épîtres latines. Cette différence tenait probablement davantage aux pratiques des scribes et à la transmission des manuscrits qu'à des décisions théologiques formelles. La diversité de la réception selon les traditions manuscrites illustre que les attitudes des premiers chrétiens envers l'épître aux Hébreux étaient autant façonnées par des facteurs pratiques et régionaux que par des jugements doctrinaux.

Dans les communautés de langue grecque, l'épître aux Hébreux gagna en popularité au moins dès le IIIe siècle. Clément d'Alexandrie l'accepta comme paulinienne, suggérant que Paul avait initialement écrit la lettre en hébreu et que Luc l'avait traduite en grec. Origène, tout en reconnaissant l'incertitude quant à la paternité de l'épître – "Qui a écrit l'épître, Dieu le sait en vérité?" – appréciait néanmoins sa profondeur théologique et sa profondeur spirituelle. Son intégration dans les codex grecs des lettres de Paul contribua à renforcer son utilisation et son autorité.

En revanche, les communautés latinophones semblent avoir été plus lentes à considérer l'épître aux Hébreux comme paulinienne. La tradition latine primitive n'incluait pas l'épître aux Hébreux dans les recueils pauliniens, et des questions subsistaient quant à sa paternité. Pourtant, au fil du temps, des personnalités influentes comme Jérôme et Augustin en sont venues à affirmer son inclusion, tout en reconnaissant les débats sur sa paternité et son autorité. Les conciles d'Hippone (393) et de Carthage (397) ont inclus l'épître aux Hébreux dans leurs listes d'écrits du Nouveau Testament.

Après avoir été largement acceptée, l'épître aux Hébreux a commencé à exercer une grande influence sur la théologie, la liturgie et la structure ecclésiale. Sa représentation du Christ comme grand prêtre a façonné la compréhension chrétienne primitive du ministère céleste et de l'expiation de Jésus. L'accent mis par la lettre sur la persévérance et la fidélité à l'alliance a trouvé un profond écho dans les traditions monastiques et pastorales. Dans les liturgies orientales, l'épître aux Hébreux était parfois lue pendant la Semaine Sainte, ses thèmes du sacrifice et du sacerdoce s'inscrivant dans le récit de la Passion.

Les théologiens patristiques s'inspirèrent largement de l'épître aux Hébreux. Athanase la cita pour défendre la christologie nicéenne. Jean Chrysostome prononça des homélies sur l'épître aux Hébreux qui influencèrent la tradition interprétative ultérieure. Thomas d'Aquin intégra plus tard l'épître aux Hébreux à la théologie systématique, produisant un commentaire influent.

En résumé, le statut canonique et la réception de l'épître aux Hébreux illustrent un processus dynamique et complexe. Plutôt qu'une simple histoire d'inclusion ou d'exclusion, le parcours de l'épître aux Hébreux dans le canon reflète l'interaction complexe entre la tradition manuscrite, la résonance théologique et l'usage ecclésial. Ce qui n'était au départ qu'une homélie anonyme a fini par être reconnu comme Écriture sainte, non pas en raison de sa seule provenance, mais en raison de sa capacité à introduire le Christ dans la vie de l'Église.

Chapitre 16
Approches modernes de l'épître aux Hébreux

L'Épître aux Hébreux a longtemps interpellé ses interprètes par son anonymat, son style particulier et sa théologie complexe. Ces dernières décennies, elle a suscité un regain d'intérêt auprès des chercheurs, à travers un large éventail d'approches méthodologiques. Ce chapitre explore plusieurs des cadres contemporains les plus influents pour l'étude de l'épître aux Hébreux, notamment l'analyse historico-critique, la critique rhétorique et narrative, ainsi que diverses lectures idéologiques telles que les approches féministe, postcoloniale et libératrice. Chacune de ces perspectives met en lumière différentes dimensions du texte et contribue à une meilleure compréhension de sa signification théologique, littéraire et culturelle.

Les approches historico-critiques continuent de façonner l'étude académique de l'épître aux Hébreux, notamment dans les efforts visant à reconstituer le contexte historique de la lettre et à retracer son utilisation des sources scripturaires. Les chercheurs travaillant dans cette tradition ont analysé l'interaction de l'épître aux Hébreux avec la Septante (LXX), son contexte conceptuel dans le judaïsme du Second Temple et son dialogue théologique avec les premières communautés chrétiennes. L'accent est souvent mis ici sur la localisation de l'épître aux Hébreux dans le paysage diversifié du christianisme primitif et sur la compréhension de la manière dont son argumentation émerge et répond aux évolutions religieuses contemporaines. Ces études mettent en évidence la profonde intertextualité de l'épître aux Hébreux et sa réinterprétation sophistiquée des Écritures d'Israël, notamment dans sa présentation du Christ à la fois comme grand prêtre et médiateur.

La critique rhétorique s'est révélée particulièrement fructueuse pour interpréter l'épître aux Hébreux. Partant du constat que l'épître aux Hébreux ressemble davantage à un sermon qu'à une lettre traditionnelle, les chercheurs ont examiné sa structure, ses stratégies rhétoriques et ses techniques de persuasion. Ils ont porté une attention particulière à son recours aux comparaisons (synkrisis), à son alternance entre exhortation et exposition, et à son appel aux émotions et aux expériences de l'auditoire. Ces études soulignent l'intention pastorale de l'épître, montrant comment les affirmations théologiques s'inscrivent dans un appel soigneusement conçu à la persévérance, à l'engagement et à l'espérance de la communauté.

Étroitement liées, les approches narratives critiques se concentrent sur la manière dont l'épître aux Hébreux construit un univers narratif cohérent et invite le lecteur à s'y immerger. Ces interprétations considèrent l'épître non pas comme un simple recueil d'arguments, mais comme un récit théologique qui remodèle l'histoire d'Israël, redéfinit l'alliance et le sacerdoce, et place le lecteur au cœur d'un drame eschatologique. Ces approches soulignent la complexité temporelle de la lettre: l'accent mis sur ce qui a été accompli, ce qui est actuellement accessible par la foi et ce qui est encore à venir.

Ces dernières décennies, des lectures idéologiques et contextuelles ont ouvert de nouvelles perspectives pour s'intéresser à l'épître aux Hébreux. Des chercheuses féministes ont examiné l'utilisation de l'imagerie patriarcale dans la lettre, ses exemples de foi dominés par les hommes et l'absence de voix féminines. Si certains ont critiqué l'épître aux Hébreux pour avoir renforcé les schémas hiérarchiques et exclusifs, d'autres ont exploré le potentiel subversif de sa théologie, notamment dans sa vision de la solidarité, de la marginalisation et de la transformation.

Les interprètes postcoloniaux et libérateurs ont également trouvé dans l'épître aux Hébreux à la fois un défi et une promesse. L'accent mis par l'épître sur la nécessité de "sortir du camp" (13,13) et sur le fait de subir des reproches persistants a été interprété comme un appel à l'identification aux opprimés et aux marginalisés. Parallèlement, l'utilisation fréquente d'un langage hiérarchique a soulevé des questions sur la manière dont l'épître aux Hébreux pourrait être lue de manière critique et constructive dans des contextes de pouvoir et de résistance. Ces lectures invitent à une réflexion continue sur les implications sociopolitiques du discours théologique.

L'histoire de la réception est devenue un autre domaine d'étude dynamique, retraçant l'interprétation et le déploiement de l'épître aux Hébreux à travers le temps et les traditions. De l'exégèse patristique à l'usage monastique médiéval, des débats de la Réforme aux contextes liturgiques modernes, les chercheurs ont exploré la manière dont différentes communautés se sont appropriées les thèmes du sacerdoce, du sacrifice et de la persévérance de l'épître aux Hébreux. L'histoire de la réception révèle la diversité des vies après la mort de l'épître aux Hébreux et la manière dont sa signification a été façonnée par l'évolution des préoccupations historiques et théologiques.

Enfin, les interprétations théologiques de l'épître aux Hébreux continuent de considérer l'épître comme une voix vivante au sein de la théologie chrétienne. Les théologiens contemporains s'en sont inspirés pour réfléchir à des questions telles que la christologie, l'expiation, l'ecclésiologie et l'eschatologie. La description de Jésus comme pionnier et perfectionneur de la foi, sa vision du culte céleste et son appel constant à la persévérance ont trouvé un écho dans toutes les traditions, offrant des ressources pour la réflexion doctrinale et la formation spirituelle.

En résumé, les approches modernes de l'épître aux Hébreux reflètent un champ de recherche vaste et en pleine expansion. Que ce soit par la reconstruction critique, l'analyse littéraire, l'engagement idéologique ou l'appropriation théologique, les chercheurs continuent de trouver dans l'épître aux Hébreux un témoignage riche et stimulant de la foi et de l'imagination chrétiennes primitives. Ces lectures diverses font de l'épître aux Hébreux non seulement un sujet d'intérêt historique, mais aussi un texte qui continue de s'ouvrir à de nouveaux contextes et à de nouvelles questions.

Chapitre 17
Questions d'étude et exercices

Ce chapitre propose un ensemble d'outils d'étude conçus pour renforcer l'apprentissage, stimuler la pensée critique et favoriser l'engagement individuel ou collectif avec l'Épître aux Hébreux. Ces exercices sont particulièrement adaptés aux cours, aux groupes d'étude en église ou aux lecteurs indépendants recherchant une approche structurée.

Questions de discussion

Comment Hébreux 1 compare-t-il le Fils aux anges, et pourquoi est-ce important?

Quels thèmes de solidarité et de sacerdoce sont introduits dans les chapitres 2 à 4?

Comment l'épître aux Hébreux reformule-t-elle la figure de Melchisédek dans les chapitres 5 à 7?

De quelles manières Hébreux 8 redéfinit-il l'alliance à la lumière du Christ?

Quelles implications théologiques et pastorales découlent du sacrifice "une fois pour toutes" des chapitres 9 et 10?

Comment les exemples d'Hébreux 11 servent-ils l'exhortation plus large à persévérer?

Que suggère Hébreux 12 à propos de la discipline divine et de la persévérance communautaire?

Comment le chapitre final (13) résume-t-il et applique-t-il la vision éthique et communautaire de la lettre?

Sujets de dissertation thématique

Analyser les affirmations christologiques de l'épître aux Hébreux et leur relation avec l'Ancien Testament.

Comparez l'utilisation des Écritures par les Hébreux avec d'autres écrits du Nouveau Testament.

Explorez la structure rhétorique et le déroulement de l'argumentation dans Hébreux.

Discutez de la tension entre l'avertissement et l'encouragement dans la stratégie pastorale de la lettre.

Idées de documents de recherche

Le rôle du motif du sanctuaire céleste dans Hébreux.

Une exploration de la foi dans Hébreux 11 à la lumière de la littérature juive ancienne.

La réception des Hébreux dans la théologie patristique et la liturgie.

Une étude comparative des épîtres aux Hébreux et à Paul sur le thème de l'alliance.

Exercices exégétiques

Lisez attentivement Hébreux 4:14-16. Que signifie s'approcher du trône de la grâce?

Analysez Hébreux 10:19–25. Comment ce passage fonctionne-t-il comme un pont dans la lettre?

Examinez la citation de Jérémie 31 dans Hébreux 8. Comment est-elle réinterprétée christologiquement?

Ces exercices visent à encourager un engagement plus profond avec le texte et à équiper les lecteurs pour interpréter Hébreux de manière critique et dévotionnelle.

Bibliographie sélective

Attridge, Harold W. *The Epistle to the Hebrews*.
     Hermeneia. Philadelphia: Fortress Press, 1989.

Bauckham, Richard, Daniel R. Driver, Trevor A. Hart,
     & Nathan MacDonald, eds. *The Epistle to the
     Hebrews and Christian Theology*. Grand Rapids:
     Eerdmans, 2009.

Cockerill, Gareth Lee. *The Epistle to the Hebrews*. New
     International Commentary on the New
     Testament. Grand Rapids: Eerdmans, 2012.

Cosby, Michael R. *Apostle to the Conquered: Reimagining
     Paul's Mission*. Grand Rapids: Eerdmans, 2005.

DeSilva, David A. *Perseverance in Gratitude: A Socio-
     Rhetorical Commentary on the Epistle to the
     Hebrews*. Grand Rapids: Eerdmans, 2000.

Dunnill, John. *Covenant and Sacrifice in the Letter to the
     Hebrews*. Society for New Testament Studies
     Monograph Series 75. Cambridge: Cambridge
     University Press, 1992.

Guthrie, George H. *The Structure of Hebrews: A Text-
     Linguistic Analysis*. Novum Testamentum
     Supplements 73. Leiden: Brill, 1994.

Hagner, Donald A. *Encountering the Book of Hebrews: An
     Expository Survey*. Grand Rapids: Baker
     Academic, 2002.

Isaacs, Marie E. *Sacred Space: An Approach to the Theology of the Epistle to the Hebrews*. Journal for the Study of the New Testament Supplement Series 73. Sheffield: Sheffield Academic Press, 1992.

Johnson, Luke Timothy. *Hebrews: A Commentary*. New Testament Library. Louisville: Westminster John Knox Press, 2006.

Koester, Craig R. *Hebrews: A New Translation with Introduction and Commentary*. Anchor Yale Bible 36. New Haven: Yale University Press, 2001.

Lane, William L. *Hebrews 1–8* and *Hebrews 9–13*. Word Biblical Commentary 47A–B. Dallas: Word Books, 1991.

Mason, Eric F., and Kevin B. McCruden, eds. *Reading the Epistle to the Hebrews: A Resource for Students*. Atlanta: Society of Biblical Literature, 2011.

Moffitt, David M. *Atonement and the Logic of Resurrection in the Epistle to the Hebrews*. Supplements to the Journal for the Study of Judaism 141. Leiden: Brill, 2011.

Rhee, Victor (Sung-Yul). *Faith in Hebrews: Analysis within the Context of Christology, Eschatology, and Ethics*. Studies in Biblical Literature 65. New York: Peter Lang, 2001.

Rothschild, Clare K. *Hebrews as Pseudepigraphon: The History and Significance of the Pauline Attribution*. Wissenschaftliche Untersuchungen zum Neuen Testament 235. Tübingen: Mohr Siebeck, 2009.

Schreiner, Thomas R. *Commentary on Hebrews*. Biblical Theology for Christian Proclamation. Nashville: B&H Academic, 2015.

Thompson, James W. *Hebrews*. Paideia Commentaries on the New Testament. Grand Rapids: Baker Academic, 2008.

Young, David. *The Concept of Canon in the Reception of the Epistle to the Hebrews*. The Library of New Testament Studies. London: T&T Clark, 2022.

Annexe A

Chronologie de la réception des Hébreux

Vers 60–90: Date probable de la composition de l'épître aux Hébreux.

IIe siècle: Utilisation fragmentaire par les Pères de l'Église; non répertorié dans le fragment de Muratori.

IIIe-IVe siècles: Large acceptation dans les collections grecques de lettres pauliniennes.

Fin du IVe siècle: inclusion dans les listes canoniques latines (par exemple, conciles d'Hippone et de Carthage).

Période patristique et suivantes: utilisation régulière dans la réflexion théologique, la liturgie et l'instruction ecclésiale.

Annexe B

Glossaire des termes clés

Apostasie: L'acte d'abandonner la foi; une préoccupation récurrente dans Hébreux.

Christologie: L'étude théologique de la personne et de l'œuvre du Christ; l'épître aux Hébreux apporte des contributions significatives à la christologie chrétienne primitive.

Alliance: Relation instituée par Dieu entre Dieu et l'humanité; dans Hébreux, l'ancienne alliance est opposée à la nouvelle alliance inaugurée par le Christ.

Jour des Expiations: Le rituel annuel sous l'ancienne alliance impliquant le sacrifice et la médiation sacerdotale; une toile de fond pour comprendre l'offrande unique du Christ.

Exhortation: Appel pastoral urgent; l'épître aux Hébreux est décrite comme une "parole d'exhortation".

La foi: définie dans Hébreux 11 comme l'assurance et la conviction; un thème clé tout au long de l'épître.

Grand Prêtre: Titre central du Christ dans Hébreux; indique son rôle de médiateur devant Dieu au nom de l'humanité.

Melchisédek: Un prêtre-roi mystérieux dans Genèse 14 et Psaume 110, interprété typologiquement dans Hébreux comme un modèle du sacerdoce du Christ.

Sanctuaire: Le lieu saint de culte; Hébreux oppose le sanctuaire terrestre au sanctuaire céleste dans lequel le Christ est entré.

Septante (LXX): La traduction grecque de la Bible hébraïque largement utilisée dans les citations et les interprétations des Hébreux.

Typologie: Méthode d'interprétation dans laquelle les personnages ou les événements de l'Ancien Testament préfigurent des réalités accomplies en Christ.

Passages d'avertissement: textes dans Hébreux (par exemple, 6:4–6; 10:26–31) qui mettent en garde contre l'apostasie et soulignent le sérieux de la persévérance.

Annexe C

Textes choisis de l'Ancien Testament cités dans Hébreux

Cette annexe fournit une sélection de passages importants de l'Ancien Testament cités dans Hébreux, avec des commentaires sur leur contexte d'origine et sur la manière dont l'auteur d'Hébreux les réinterprète christologiquement.

Genèse 2:2

CONTEXTE ORIGINAL: Décrit le repos de Dieu le septième jour après la création.

UTILISATION DANS HÉBREUX: Cité dans Hébreux 4:4 pour étayer le concept de repos sabbatique pour le peuple de Dieu. Hébreux réinterprète ce repos de manière typologique comme un repos spirituel accessible aux croyants par la foi et l'obéissance en Christ.

Genèse 14:18–20

CONTEXTE ORIGINAL: Parle de Melchisédek, roi de Salem et prêtre du Dieu Très-Haut, qui bénit Abram.

UTILISATION DANS HÉBREUX: Ce récit est à la base d'Hébreux 7, où Melchisédek est présenté comme un type du Christ – éternel, sans généalogie et supérieur aux prêtres lévitiques. Hébreux utilise ce récit pour fonder l'idée que le sacerdoce de Jésus était "selon l'ordre de Melchisédek".

Exode 19:12–13

CONTEXTE ORIGINAL: Dieu avertit Israël de garder ses distances avec le mont Sinaï lors de la remise de la loi.

UTILISATION DANS HÉBREUX: Ce terme est évoqué dans Hébreux 12:18-21 pour contraster le redoutable et inaccessible Sinaï avec la vision accueillante du mont Sion. Ce contraste souligne la supériorité de la Nouvelle Alliance et l'accès du croyant à Dieu.

Exode 24:8

CONTEXTE ORIGINAL: Moïse asperge le peuple du sang de l'alliance pour ratifier l'alliance de Dieu au Sinaï.

UTILISATION DANS HÉBREUX: Cité dans Hébreux 9:20 comme parallèle au sang sacrificiel du Christ. L'auteur oppose les effets limités et externes des rituels mosaïques à la purification intérieure et éternelle accomplie par le Christ.

Deutéronome 32:35–36

CONTEXTE ORIGINAL: Dieu déclare son rôle de juge juste du peuple de Dieu.

UTILISATION DANS HÉBREUX: Cité dans Hébreux 10:30 dans le cadre d'un avertissement sévère concernant le jugement de ceux qui méprisent la grâce offerte en Christ. Ce passage renforce la justice divine et la rétribution contre l'apostasie.

Psaume 8:4–6

CONTEXTE ORIGINAL: Réfléchit à la dignité et au statut surprenants de l'être humain au sein de la création divine.

UTILISATION DANS HÉBREUX: Cité dans Hébreux 2,6-8 pour affirmer la pleine identification de Jésus à l'humanité et son exaltation ultime sur toutes choses. Le psaume devient un prisme pour voir le Christ comme le véritable humain qui accomplit le dessein de Dieu pour l'humanité.

Psaume 22:22

CONTEXTE ORIGINAL: Un cri de délivrance se transforme en une déclaration de louange et de proclamation parmi les fidèles.

UTILISATION DANS HÉBREUX: Cité dans Hébreux 2:12 pour illustrer l'argument selon lequel Jésus partage les souffrances et les expériences de ses frères et sœurs. Cette citation souligne le rôle de Jésus comme guide d'une communauté de rachetés dans le culte.

Psaume 40:6–8

CONTEXTE ORIGINAL: Exprime la compréhension du psalmiste selon laquelle l'obéissance est plus agréable à Dieu que le sacrifice.

UTILISATION DANS HÉBREUX: Cité dans Hébreux 10:5–7, selon la version de la Septante qui dit: "Tu m'as formé un corps." Cette différence fondamentale permet à Hébreux de présenter le Christ comme celui qui offre une obéissance parfaite par son corps incarné, accomplissant ainsi ce que Dieu désire vraiment.

Psaume 95:7–11

CONTEXTE ORIGINAL: Avertit la génération du désert de ne pas endurcir son cœur et de ne pas manquer le repos de Dieu.

UTILISATION DANS HÉBREUX: Cité dans Hébreux 3:7–11 et développé au chapitre 4 comme un avertissement au public contemporain. Le "repos" est réinterprété comme une promesse toujours valable, exhortant les lecteurs à répondre avec foi.

Psaume 102:25–27

CONTEXTE ORIGINAL: Une déclaration de la nature éternelle de Dieu au milieu de la fragilité humaine.

UTILISATION DANS HÉBREUX: Cité dans Hébreux 1:10–12 et appliqué au Fils, affirmant l'immutabilité divine du Christ et sa supériorité sur la création.

Psaume 110:1, 4

CONTEXTE ORIGINAL: Célèbre l'intronisation d'une figure sacerdotale royale.

UTILISATION DANS L'ÉPÎTRE AUX HÉBREUX: cité à plusieurs reprises pour établir l'autorité royale du Christ (1:13) et son sacerdoce éternel (5:6; 7:17, 21). Le Psaume 110 constitue la pierre angulaire de la christologie de l'épître aux Hébreux et un argument en faveur du statut unique de Jésus.

Ésaïe 8:17–18

CONTEXTE ORIGINAL: Isaïe exprime sa confiance en Dieu et s'identifie, lui et ses enfants, comme des signes pour Israël.

UTILISATION DANS HÉBREUX: Cité dans Hébreux 2:13 pour affirmer la solidarité de Jésus avec l'humanité. Tout comme Isaïe se tient parmi son peuple, Jésus s'identifie pleinement à ceux qu'il rachète.

Jérémie 31:31–34

CONTEXTE ORIGINAL: Annonce une future nouvelle alliance écrite dans le cœur, marquée par le pardon et la transformation intérieure.

UTILISATION DANS HÉBREUX: Cité intégralement dans Hébreux 8:8–12 et référencé à nouveau dans Hébreux 10:16–17. L'épître aux Hébreux présente Jésus comme le médiateur de cette nouvelle alliance promise, qui remplace l'ancienne et apporte le pardon et l'intimité avec Dieu que l'ancien système ne pouvait garantir.

Habacuc 2:3–4

CONTEXTE ORIGINAL: Un appel à attendre patiemment la justice de Dieu, soulignant que le juste vivra par la foi.

UTILISATION DANS HÉBREUX: Cité dans Hébreux 10:37-38 dans le cadre de l'appel à la persévérance. Il soutient l'idée qu'une fidélité continue, même dans les délais ou la souffrance, est la marque de la justice.

www.ingramcontent.com/pod-product-compliance
Lightning Source LLC
LaVergne TN
LVHW051418080426
835508LV00022B/3137